TEOLOGÍA PRÁCTICA

ANDAMIO

gbuconecta

TEOLOGÍA PRÁCTICA

Cómo la fe cristiana explica el mundo

ALISTER McGRATH

Publicaciones Andamio
Alts Forns nº 68, sót. 1º
08038 Barcelona. España
Tel. (+34) 93 432 25 23
editorial@publicacionesandamio.com
www.publicacionesandamio.com

Publicaciones Andamio es la editorial
de los Grupos Bíblicos Unidos en España,
que a su vez es miembro del movimiento
estudiantil evangélico a nivel internacional (IFES),
cuya misión es hacer discípulos y promover el
testimonio de Jesús en los institutos,
facultades y centros de trabajo.

Teología práctica
© Publicaciones Andamio, 2017
1ª edición octubre 2017

Mere Theology
© Alister McGrath, 2010

Traducción: Dorcas González
Diseño cubierta: Steph Williams
Diseño interior: Andressa Rosa de Oliveira

Depósito Legal: B. 21999-2017
ISBN: 978-84-947215-2-6

Impreso en Ulzama
Impreso en España

Índice

Introducción

La teología cristiana es, intelectualmente hablando, uno de los campos de estudio más emocionantes y estimulantes, rico en recursos para la vida de fe y el servicio de la iglesia. Este libro puede verse como una defensa intelectual del lugar de la teología en la vida cristiana, y también como un ruego a que la iglesia cristiana tome en serio el ámbito de la mente, sobre todo a la luz de los debates públicos contemporáneos.

En este libro hablaremos de "teología práctica", una expresión que he tomado prestada y adaptado del famoso concepto de C. S. Lewis "mero cristianismo".[1] [*N. de la T.* El título original en inglés es *Mere Theology* (Teología práctica)]. Por "teología práctica" me refiero a los temas básicos que han caracterizado la visión cristiana a lo largo de los siglos. Este volumen no defiende o aboga por ninguna escuela o línea particular de teología, sino que investiga la forma en la que la gran tradición de reflexión teológica cristiana enriquece nuestra fe y hace más profunda nuestra involucración en las preocupaciones y los debates del mundo que nos rodea. Aunque Lewis es un conocido representante de esta perspectiva, miraremos más allá (y detrás) de este autor. Con demasiada frecuencia, la teología meramente genera polémica y confrontaciones dentro de la iglesia. Mi deseo en este libro es centrarme en el papel positivo de la teología para dar forma, nutrir y mantener la visión cristiana de la realidad y aplicarla a los desafíos y oportunidades a los que los cristianos se enfrentan en la actualidad.

Probablemente sea útil poner este libro en su contexto. Los dos últimos años han sido muy importantes para mí, tanto por la investigación que he podido realizar como por los acontecimientos que se han dado. Después de exactamente 25 años de servicio en la Facultad de Teología de la Universidad de Oxford, en septiembre de 2008 pasé a ocupar la recién creada cátedra de Teología, Ministerio y Educación en el King's College de Londres. La universidad King's College fue fundada por el rey Jorge IV y el Duque de Wellington en 1829 para propiciar una interacción creativa entre el mundo académico, la iglesia y la sociedad, y tiene una larga tradición de fomentar la reflexión y el compromiso teológico. Aunque soy teólogo académico, siempre he creído que la teología está en su mejor momento cuando genera prácticas reflexivas en la vida y el servicio de la iglesia. La nueva cátedra de Londres se creó para promover una interacción directa entre la teología y la vida de la iglesia, y me siento profundamente privilegiado de ser el primero en ocuparla.

A principios del año 2008 fui el invitado a las Conferencias Conmemorativas de Riddell en la Universidad de Newcastle-upon-Tyne, y hablé de cómo la forma nueva de ver las cosas que encontramos en la fe cristiana nos lleva a revitalizar nuestro compromiso con la naturaleza. De hecho, esas conferencias son un manifiesto que aboga por un nuevo estilo de teología de la naturaleza, firmemente enraizado en la tradición cristiana.[2] En las Conferencias Gifford, que tienen lugar en la histórica Universidad de Aberdeen, continué desarrollando esta nueva perspectiva, centrándome en la importancia teológica y apologética del fenómeno del "ajuste fino" que encontramos en la naturaleza.[3] Por último, di las Conferencias Hulsean 2009-2010 de la Universidad de Cambridge, donde hablé sobre las implicaciones del darwinismo para una teología cristiana de la naturaleza.[4] En este libro aparecerán algunos de los contenidos de todas esas conferencias.

Aun así, el trasfondo cultural de este libro es más amplio todavía. En 2006 apareció en escena el movimiento mundialmente —aunque erróneamente— conocido como el "nuevo ateísmo". Los libros *El espejismo de Dios* (2006) de Richard Dawkins, *Romper el hechizo* de Daniel Dennett (2006) y *Dios no es bueno* de Christopher Hitchens (2007) lograron provocar en los medios una fascinación por la religión y sus detractores. El interés público en torno al tema de Dios subió como la espuma. De repente empecé a recibir invitaciones para hablar y escribir sobre estos temas[5] y para participar en debates públicos con los principales ateos: con Richard Dawkins en Oxford, con Daniel Dennett en Londres y con Christopher Hitchens en Washington. Aunque prefiero las aulas pequeñas a las salas de conferencias, no hay duda de que los temas que abordábamos eran de interés general, no solo de interés académico. Para mi sorpresa, de pronto me había convertido en un personaje público en el ámbito intelectual.

Los debates generalmente giraban en torno a la racionalidad de la fe y la coherencia de la visión cristiana de la realidad. Para los nuevos ateos, el cristianismo no es más que un modo anticuado de explicar las cosas que en la era científica moderna podemos desechar. En una de sus muchas afirmaciones no corroboradas que forman parte de su argumentación contra la religión, Christopher Hitchens dice que, desde la invención del telescopio y el microscopio, "la religión ya no ofrece una explicación de nada importante".[6] Es una cita llamativa que, colocada junto a muchas otras citas llamativas carentes de fundamento, logra crear la apariencia de argumento basado en las evidencias. Pero, ¿realmente lo es?

En su bien argumentada crítica del nuevo ateísmo, Terry Eagleton ridiculiza a aquellos que tratan la religión meramente como un ente explicativo. "El cristianismo no está pensado principalmente para ser la explicación de nada. Es como decir que gracias a la tostadora eléctrica podemos olvidarnos de Chekhov". Creer que la religión es un "intento chapucero de explicar el mundo" es del mismo nivel intelectual que "ver el ballet como un intento chapucero de correr para no perder el autobús".[7]

Aquí, Eagleton acierta. El cristianismo es mucho más que un intento de explicar las cosas. El Nuevo Testamento habla principalmente de la transformación de la existencia humana a través de la vida, muerte y resurrección de Jesús de Nazaret.

Por tanto, el evangelio no consiste tanto en explicar, como en salvar: transformar la situación del ser humano. No obstante, aunque el énfasis principal de la proclamación cristiana no es explicar el mundo, sí ofrece una forma distinta de mirar las cosas que, al menos en principio, nos permite ver esas cosas de un modo diferente y nos lleva a actuar en consonancia con esa visión. El cristianismo implica creer que hay ciertas cosas que son verdad, en las que podemos confiar y que iluminan nuestra percepción de las cosas, nuestras decisiones y nuestras acciones. Estos temas son elementos esenciales de la "teología práctica" y tienen una parte prominente en este manifiesto a favor de la racionalidad de la fe.

El debate público sobre la racionalidad de la fe continuó en 2009, año del 200 aniversario del nacimiento de Charles Darwin (1809-82), el gran naturalista inglés y fundador del pensamiento evolutivo moderno, así como del 150 aniversario de la publicación de su revolucionaria obra *El origen de las especies*. La importancia cultural de Darwin fue tal que estas celebraciones casi eclipsaron otros aniversarios, incluyendo el 500 aniversario del nacimiento de Juan Calvino (1509-64).[8] Los nuevos ateos tomaron el aniversario de Darwin como un medio para defender una agenda secularista asociándola (asociación en este caso muy poco probable) con este héroe científico. Como uno de los relativamente pocos teólogos que sabe mucho tanto de Darwin como de la teoría evolutiva, me encontré de nuevo lanzado al debate público sobre las implicaciones religiosas, morales y culturales de las ideas de Darwin.

Teología práctica refleja este amplio abanico de cuestiones culturales, que muy probablemente seguirán siendo importantes durante algún tiempo. Además de explorar la integridad y vitalidad de la teología cristiana, este libro subraya la capacidad que esta tiene para participar de forma sólida en la cultura y en el debate intelectual. Cada vez está más claro que el desarrollo repentino del nuevo ateísmo cogió a las iglesias por sorpresa. Al parecer, no estaban preparadas intelectualmente hablando. Ahora hay buenos indicios de que el atractivo y el perfil alto del ateísmo están desvaneciéndose debido, por un lado, a que algunas de sus autoridades afirman de forma contundente e incisiva que la crítica que el propio ateísmo hace de la religión es poco fiable[9] y, por otro, a la deficiencia de las alternativas seculares que propone. Sin embargo, la mejor preparación para la próxima crisis de confianza, venga en la forma en la que venga, es que dentro de las iglesias desarrollemos una mente informada y segura de lo que cree, y eso es algo que este libro pretende estimular.

Teología práctica contiene 11 capítulos, basados en conferencias y discursos no publicados que di entre finales de 2007 y finales de 2009 (ver la sección de Notas que aparece al final del libro). El libro está organizado de forma temática. Los seis primeros capítulos hablan del propósito, el lugar y la relevancia de la teología cristiana. El hilo conductor en todos ellos es la capacidad intelectual de la fe cristiana y su habilidad para ofrecer una visión de la realidad nueva y profundamente satisfactoria. Celebramos que el cristianismo tiene sentido por sí mismo, y a la vez tiene la capacidad de explicar el sentido de muchos otros aspectos de la realidad. Muchas veces menciono aquella famosa cita de C. S. Lewis cuando quiero expresar esta idea en mis debates públicos: "Creo en el cristianismo igual que creo que el sol ha salido: no solo porque lo veo, sino porque gracias a él puedo ver todo lo demás".[10] Como "discipulado de la mente", la teología cristiana nos lleva a apreciar de forma más profunda la capacidad que el evangelio tiene para dialogar con las complejidades del mundo natural por un lado, y con la experiencia humana por otro. A la vez, también hemos de reconocer que la teología tiene límites, límites que debemos identificar y respetar.

Los dos primeros capítulos ofrecen una introducción general al estudio de la teología, que espero que sea útil sobre todo para aquellos que quieren saber por dónde empezar el proceso de reflexión. Presentan la teología como una disciplina constructiva, crucial y positiva, cuyo interés es formar y sostener la visión cristiana de la realidad, lo cual es esencial para el ministerio cristiano y la predicación. Estos capítulos están diseñados para orientar a los que no han estudiado teología y facilitarles la entrada en ese campo.

En el capítulo 3 analizo el poema de George Herbert *El elixir*, que aunque fue publicado en 1633 sigue siendo una de las mejores explicaciones teológicas de cómo la fe cristiana transforma la visión, la evaluación y la acción. El poema ilustra un tema central de la "teología práctica": su rol positivo transformando la manera en la que vemos las cosas, lo que nos lleva a una percepción más rica de la realidad y a una comprensión más profunda de nuestras propias posibilidades y responsabilidades en el mundo.

A continuación nos detenemos en un tema complejo y desconcertante que a menudo pasamos por alto. ¿Qué ocurre cuando hay tensión entre la teoría y la experiencia? El capítulo 4 considera los acercamientos a la ambigüedad teológica de Martín Lutero y de C. S. Lewis, bastante distintos el uno del otro, subrayando la importancia de ambos para la vida de fe.

El capítulo 5 presenta cómo la fe cristiana hace que veamos el mundo natural y que nos relacionemos con él de una forma diferente. ¿Qué valor aporta cuando la comparamos con las alternativas ateas y paganas? El capítulo 6 habla de la relación entre la teología y la apologética. ¿Cómo puede la teología capacitar a la iglesia para que esta presente la credibilidad y el atractivo de la fe en la cultura contemporánea? Esta pregunta ha vuelto a resurgir debido a los recientes escritos ateos, y es crucial si queremos que la iglesia construya su testimonio sobre fundamentos teológicos fiables.

Después de poner las bases para interactuar con la cultura desde un buen fundamento teológico, el resto del libro muestra que vivir la "comunidad interpretativa" cristiana nos provee de una plataforma para interactuar con la cultura.[11] El evangelio cristiano no nos manda alejarnos de la cultura y aislarnos, sino interactuar activamente con ella. Los cristianos estamos llamados a ser la sal y la luz del mundo (Mateo 5:13-16). Un discipulado de la mente construido sobre buenos fundamentos teológicos sostiene, nutre y protege la visión cristiana de la realidad, y eso permite a la iglesia conservar su capacidad de salar y de alumbrar. No obstante, ese discipulado de la mente es el prerrequisito para interactuar con la cultura y no un sustituto de esa interacción.

El primer capítulo de esta sección habla de la interacción entre la fe cristiana y las ciencias naturales, campos que a menudo se presentan de forma errónea como totalmente irreconciliables. Ya hace tiempo que llegué a la conclusión de que la relación entre la fe cristiana y las ciencias naturales es muy importante. Mi propio peregrinaje espiritual ha estado marcado por largas reflexiones sobre estas cuestiones, que siguen siendo importantes para muchos hoy. Aquí ofrezco respuestas sólidas teológica y científicamente hablando a algunas de las preguntas y preocupaciones de la actualidad, que a menudo son de interés particularmente para los cristianos que estudian ciencias naturales.

Los capítulos 8 y 9 exploran algunos aspectos de las implicaciones religiosas del darwinismo. En el año de Darwin (2009), los medios de comunicación mostraron mucho interés por la relación entre Darwin y la fe, y con frecuencia las publicaciones iban en la línea de la afirmación muy extendida pero altamente cuestionable de que las ideas de Darwin desacreditan el cristianismo. Para refutar publicaciones como esas, el capítulo 8 analiza específicamente el lugar de la fe, tanto la científica como la religiosa, en las reflexiones de Darwin sobre la selección natural. El capítulo 9 expone la relación entre creación y evolución en el pensamiento de Agustín de Hipona (354-430), y nos ofrece algunas reflexiones oportunas para el debate contemporáneo.

Dado que muchos representantes del nuevo ateísmo han adoptado a Darwin como mascota, los dos últimos capítulos del libro analizan los orígenes, el pedigrí y la integridad intelectual de este movimiento. El capítulo 10 se plantea si el antagonismo visceral del nuevo ateísmo hacia la religión puede tomarse en serio, y ofrece algunas reflexiones en cuanto a cómo podemos debatir sobre los temas en cuestión de una forma más civilizada. Este capítulo explora la "retórica del rechazo" de la religión, característica de autores como Christopher Hitchens. La analizo a la luz de diversos descubrimientos académicos sobre una variedad de temas, como los orígenes del totalitarismo, las motivaciones de los terroristas suicidas y el problema de la violencia fanática. Concretamente, critico el concepto de "los Brillantes", introducido en 2003, como una clara afirmación de la supuesta superioridad intelectual de los ateos sobre los creyentes o religiosos.

Por último, el capítulo 11 se detiene en uno de los aspectos más importantes y aun así poco estudiado del nuevo ateísmo: que, lejos de ser algo "nuevo", está enraizado en los supuestos de la Ilustración del siglo XVIII. Su agresividad y dogmatismo sí son algo nuevo; pero sus ideas son ideas recicladas, ideas traídas del pasado. Ser conscientes de esta conexión sirve para entender algunas de las características centrales de esta forma de ateísmo, especialmente su enorme hostilidad hacia el posmodernismo. ¿Puede un movimiento tan profundamente enraizado en los supuestos de una era pasada enfrentarse a los desafíos de nuestra era posmoderna? ¿Y qué puede aprender la iglesia de todo esto?

Espero que este breve libro estimule el desarrollo del discipulado de la mente dentro de las iglesias, y que enriquezca nuestra visión de la fe cristiana. El origen de todos los capítulos del libro fue o bien una conferencia, o un seminario, o una presentación ante un grupo reducido de personas, normalmente estudiantes. He reescrito todos ellos teniendo en cuenta las preguntas que los oyentes hicieron. Estoy profundamente agradecido a todos ellos por su participación y aportaciones. La tarea de retocar y reescribir no es algo que los autores disfrutemos; no obstante, es esencial si queremos conectar con las preocupaciones de la gente en lugar de estar respondiendo a las preocupaciones que esperamos que tengan. No puedo acabar sin antes alabar las dotes editoriales de Alison Barr y Lauren Chiosso, pues su ayuda para llegar a la versión final de este libro ha sido inestimable.

Alister E. McGrath
King's College London

PARTE I

EL PROPÓSITO, LUGAR Y RELEVANCIA DE LA TEOLOGÍA CRISTIANA

I

Teología práctica:
el paisaje de la fe (1)

La fe es fundamentalmente una cuestión relacional, pues tiene que ver con confiar en Dios. No obstante, la dinámica interna de la vida de fe está marcada por un deseo por comprender más sobre aquel y aquello en lo que confiamos. Anselmo de Canterbury (c. 1033-1109) dijo que la teología es básicamente "la fe buscando comprender". El gran teólogo cristiano Agustín de Hipona (354-430) también tenía claro que la lucha por entender a Dios despierta un entusiasmo intelectual genuino. La teología es pasión por la mente, el anhelo por entender más sobre la naturaleza y los caminos de Dios, y el poder transformador que eso tiene sobre la vida. A través de la reflexión teológica, nuestra fe se hace más profunda y nuestras vidas se enriquecen. Así que, ¿cómo empezamos a desarrollar esa pasión por la mente?

* * *

Sin embargo, no podemos explorar la relevancia de la teología sin antes reconocer la mala reputación que se ha creado en las iglesias en las últimas décadas. Para algunos líderes cristianos, la teología es irrelevante para la vida real. Para ellos, la teología consiste en retirarse a una torre de marfil cuando hay otras cosas más urgentes de las que preocuparse. Pero si la entendemos correctamente, la teología lleva a una acción cristiana informada. Produce en nosotros el *querer* hacer cosas, y hacerlas de un modo cristiano. Nos ayuda a discernir cuál es la mejor forma de actuar; nos anima a interactuar con el mundo real.

Otros líderes cristianos expresan su preocupación por la tendencia de la teología a crear división y conflicto dentro de la iglesia. J. I. Packer, una de las voces más sabias e influyentes del mundo evangélico, ha escrito sobre el problema de los "intelectualistas atrincherados", "cristianos rígidos, criticones, que les gusta discutir; defensores de la verdad de Dios para quienes la ortodoxia lo es todo". Creo que todos conocemos a personas que parecen tener una obsesión con lo que Packer ha llamado "ganar la batalla de la corrección mental" y muy poco interés en ningún otro aspecto de la fe cristiana. Puede que amen a Dios, pero parece que les cuesta amar a otras personas, especialmente a las que no están de acuerdo con ellos. No siempre es fácil discernir cómo unir esta fijación por la corrección teológica con el ministerio de Jesús que encontramos en los Evangelios. ¿No será mejor perseguir una ortodoxia generosa, y ver los desacuerdos a la luz de los importantes acuerdos que nos unen?

* * *

El motor de la fe cristiana está en el deleite y el entusiasmo intelectual causados por la persona de Jesús de Nazaret. Aquel a quien la iglesia ve como alguien intelectualmente brillante, espiritualmente persuasivo e infinitamente satisfactorio, tanto a nivel comunitario como a nivel individual. Aunque los cristianos expresan ese deleite y admiración a través de sus credos, lo hacen de forma más específica a través de su alabanza y adoración. Siglos atrás, Agustín de Hipona reflexionó sobre cómo las comunidades se unen en torno a los objetos que aman. La forma más segura de potenciar la identidad, la coherencia y la cohesión de una comunidad es ayudarle a ver más claramente aquello que ama, para que así pueda amarlo aún más.

Por eso la adoración es tan importante para la identidad cristiana. Hace que nos centremos en lo que realmente importa, y proclama que la fe cristiana tiene el poder de atrapar la imaginación (no simplemente de persuadir la mente) abriendo las profundidades del alma humana a las realidades del evangelio. Mantiene en nosotros esa gran pasión por Jesucristo, que a su vez alimenta la tarea teológica, incluso aunque esta cuestione su propia capacidad de estar a la altura de la brillantez de su objeto último.

Pero aunque nunca debemos ignorar o restarle importancia al atractivo que la visión cristiana del Jesús de Nazaret tiene para las emociones y la imaginación restauradas, debemos ver que la fe cristiana tiene un elemento intelectual importantísimo.

No podemos amar a Dios y no querer entender más sobre él. Hemos sido llamados a amar a Dios con toda nuestra mente, además de con todo nuestro corazón y con toda nuestra alma (Mateo 22:37). Cristo no puede reinar en nuestros corazones si no le hemos dejado guiar nuestro pensamiento. El discipulado de la mente es tan importante como cualquier otra parte del proceso por el que crecemos en nuestra fe y compromiso.

La defensa de la credibilidad intelectual del cristianismo se ha vuelto más y más importante en los últimos años, en particular por el crecimiento del nuevo ateísmo. Debemos vernos a nosotros mismos como portadores de la vitalidad espiritual, ética, imaginativa e intelectual de la fe cristiana, profundizando en por qué creemos que ciertas cosas son verdad, y cómo determinan el modo en el que vivimos nuestras vidas e interactuamos con el mundo que nos rodea. Por encima de todo, debemos expandir nuestra visión del evangelio cristiano. Para algunos, darse cuenta de lo mucho que queda por conocer sobre nuestra fe puede resultar intimidante. Pero también puede ser emocionante descubrir cosas nuevas a medida que el rico paisaje de la fe cristiana se va desplegando ante nuestros ojos.

* * *

Veamos con más detenimiento esta imagen del "paisaje de la fe". Imagínate que estás en la cima de una montaña. Ante ti, extendido como un tapiz, hay un bello paisaje que se pierde en la distancia. Bosques, arroyos, campos, pueblos, todo ello acariciado por la suave luz del atardecer. El tipo de paisaje que hizo que románticos como William Wordsworth se dedicaran a escribir poesía. ¿Cómo describirías esa vista imponente a alguien que está allí contigo?

Es difícil, ¿verdad? Solo logramos hacer una descripción superficial, porque no tenemos palabras para expresar nuestra experiencia de la realidad. Podrías decirle a tu amigo que viste un bosque, pero la palabra "bosque" nunca va a transmitir el recuerdo vivo que tienes de aquella verde masa de árboles, aquellas hojas moteadas relucientes bajo la luz del sol y la sensación que experimentaste ante tanta belleza.

Podrías dibujar un mapa del paisaje, que te ayuda a ver qué relación tenían unos elementos con otros: los bosques, las montañas, los ríos y los pueblos. Pero no fue un mapa lo que te emocionó y deleitó, sino el propio paisaje: la vista preciosa, el viento fresco, la fragancia a flores y resina, el tintineo distante de las campanas del ganado que vagaban en busca del mejor pasto.

Podemos ver la teología como un mapa, y el evangelio como un paisaje. Eso nos ayuda a comprender que la teología intenta describir con palabras aquello que descubrimos mediante la fe. Cuando entendemos bien la teología, nos ayuda a articular, profundizar y comunicar la visión cristiana de Dios en toda su plenitud. Por otro lado, cuando la teología prioriza la relación de las ideas, pierde de vista a Dios, que es quien da vitalidad a la vida de fe. La comunidad de creyentes es el crisol en el que se forja mucha de la mejor teología, aunque luego pueda ser refinada por la reflexión académica.

* * *

Vamos a seguir pensando en la imagen del paisaje por unos instantes, ya que queda otro elemento a considerar. En nuestro intento por asimilar nuestra amplia y bella panorámica, la mayoría de nosotros nos concentraremos en una parte de la vista que nos gusta especialmente o que por lo que sea llama nuestra atención, ignorando el resto. Esta "atención selectiva" o "sesgo cognitivo" es útil en cierto sentido. Nos permite centrarnos en lo que vemos como más importante. Aunque con frecuencia, eso significa que nos perdemos otras cosas. Dejamos de ver otras características del paisaje, o apreciar su importancia.

Ahora imagina que se te ha unido un grupo de amigos, y todos estáis mirando la misma panorámica. En un sentido, veréis la misma vista. Sin embargo, la dinámica de observación es bastante distinta. Hablando con ellos, te darás cuenta de que otros se han percatado de cosas en las que tú no te has fijado: el afluente de un río, un pequeño lago o un rebaño que, escapando del sol, se ha escondido bajo un árbol. Tenéis una visión colectiva del paisaje, que es mucho más completa y fiable que la explicación de una sola persona. Un grupo no solo verá *más* que una sola persona; un grupo podrá corregir la explicación que una sola persona hace del paisaje de la fe. Lo que una persona creía que era un arroyo que pasaba por medio de un bosque puede convertirse en un sendero.

Lo que quiero decir es que necesitamos que la teología dé una explicación de la fe que sea crítica y completa, en lugar de limitarse a la percepción de un solo individuo naturalmente subjetivo. Algunos teólogos, como Cirilo de Jerusalén (313-386) y Vladimir Lossky (1903-1958), han enfatizado la "catolicidad" de la teología cristiana. Lo que quieren decir es que el teólogo no es un llanero solitario, sino alguien que trabaja colaborando con otros dentro del cuerpo de Cristo para construir una comprensión completa del evangelio.

Podemos ir un paso más allá. La teología valora las perspectivas y los pensamientos de los que en el pasado marcaron y viajaron por el camino de la fe, y ahora han llegado al final de su viaje. Agustín de Hipona, Tomás de Aquino (c. 1225-74), Martín Lutero (1493-1546) y Karl Barth (1886-1968) están muertos. Pero hoy son personalidades reconocidas en medio del debate y la reflexión teológica, voces vivas que tienen la capacidad de enriquecernos, estimularnos y desafiarnos mientras realizamos nuestra propia reflexión. Uno de los sentidos del término teológico "tradición" es aprender a respectar a aquellos que han reflexionado sobre los grandes temas de la teología antes que nosotros. Lo que muchos llaman "la gran tradición" es para nosotros tanto un reto como un desafío: pone a nuestra disposición tesoros teológicos que hoy podemos apreciar y utilizar, pero también cuestiona si nuestra generación teológica comprende y comunica el evangelio tan bien como nuestros antecesores.

* * *

Lógicamente, esto nos lleva a reflexionar sobre las fuentes de la teología. Los cristianos tienen unas ideas muy específicas sobre quién es Dios y cómo es. Pero, ¿de dónde sacan estas ideas? Generalmente se acepta que las tres fuentes principales de la teología son: la Biblia, la razón y la tradición. Y nos detendremos a considerar cada una de ellas.

La Biblia

Dentro del cristianismo, existe un amplio consenso de que la Biblia tiene un lugar de especial importancia en el debate teológico y la devoción personal. Todas las principales confesiones protestantes enfatizan la centralidad de la Biblia. Más recientemente, el Concilio Vaticano II (1962-1965) reafirmó su importancia para la predicación y la teología católicas. La autoridad de la Biblia va de la mano de la idea de "inspiración"; dicho de otro modo, que las palabras de la Biblia transmiten las palabras de Dios, que todos los cristianos consideran de suma importancia para las cuestiones de la fe. La teología cristiana puede verse tanto como el *proceso* de reflexionar sobre la Biblia y de entrelazar sus ideas y temas, como el *resultado* de ese proceso de reflexión sobre todas esas ideas.

Debemos asegurarnos de incorporar *todos* los temas de la Biblia a nuestro pensamiento, no solo aquellos que son fáciles de entender o que simplemente nos resultan más atractivos. Y debemos hacerlo incluso si eso nos lleva a conclusiones que parecen totalmente ilógicas.

Podemos ver ese proceso de incorporar un rico tapiz teológico de hilos bíblicos a la comprensión cristiana de Jesús de Nazaret. Toda la evidencia que tenemos sugiere que los que vieron a Jesús en acción intentaron entenderle primero en términos de modelos y categorías ya existentes: por ejemplo como un sanador o un profeta. Es totalmente natural. Después de todo, el Antiguo Testamento estaba lleno de referencias a las acciones de Dios en el mundo. ¿Por qué no ver a Jesús como un nuevo Elías, un profeta capaz de sanar a los enfermos y declarar la voluntad de Dios? Pero aunque Jesús se presenta claramente en el Nuevo Testamento como un ser humano que lloró, que tuvo hambre y sed, que sufrió y murió, es obvio que era más que eso. En el Nuevo Testamento se le llama "Salvador", un término cargado de significado teológico. Para el pueblo de Israel, Dios era el único que podía salvar. Dirigirse a Jesús de ese modo sugiere que hizo algo que solo el Dios de Israel podía hacer. Después de un largo proceso analizando todas las opciones, la iglesia cristiana concluyó que la identidad y el significado de Jesucristo solo podía salvaguardarse y entenderse diciendo que era completamente Dios y completamente humano. Sencillamente no había otra forma de hacer justicia al testimonio bíblico sobre Jesucristo.

Otro ejemplo de este proceso de entrelazar elementos conocidos con lo que habían experimentado lo encontramos en la doctrina de la trinidad. La mejor forma de entender esta doctrina es verla como el resultado de un proceso de reflexión crítica y prolongada sobre el patrón de la actividad divina revelada en las Escrituras, y experimentada por los cristianos. Por tanto, no decimos que las Escrituras contienen una doctrina de la trinidad, sino que las Escrituras dan testimonio de un Dios que solo puede entenderse de forma trinitaria. En el Nuevo Testamento se puede discernir una lógica trinitaria implícita, especialmente en las afirmaciones sobre las obras de Dios.

La Biblia cristiana da testimonio de la naturaleza y acciones de un Dios al que los cristianos se refieren como "el Dios y Padre de nuestro Señor Jesucristo". Pero la visión cristiana de Dios es rica y compleja y muy difícil de expresar con palabras. Con el paso de los siglos, los teólogos cristianos se han dado cuenta de que básicamente tienen dos opciones. Podían presentar un concepto simple de Dios, que fuera fácil de entender aunque no hiciera justicia al testimonio profundo y polifacético que encontramos inicialmente en la Biblia y posteriormente en la experiencia y la alabanza cristiana. O podían hacer todos los esfuerzos posibles para ser fieles a ese testimonio, aunque el resultado final resultara difícil de entender. La teología cristiana ortodoxa casi siempre ha adoptado la segunda de estas dos opciones.

La razón

Estas reflexiones sobre la doctrina de la trinidad también nos ayudan a empezar a analizar el lugar de la razón en la teología. A simple vista, la doctrina de la trinidad no parece tener mucho sentido. Uno de los recuerdos más vivos que tengo de mi infancia es una visita a una iglesia en la campiña norirlandesa a finales de la década de 1950. Por motivos que no logro recordar, recitamos el credo de Atanasio, usando el lenguaje tradicional del Libro de Oración Común (1662). Mientras recitábamos aquellas frases tan espesas, llegamos a la parte en la que declaramos nuestra creencia en "el Padre incomprensible, el Hijo incomprensible, y el Espíritu Santo incomprensible". Aún puedo recordar la voz audible del granjero, que de repente espetó: "¡Maldición, toda la oración es incomprensible!". La congregación, que en ese preciso momento se había detenido para tomar aire, no tuvo ninguna dificultad para escuchar esa expresión de sabiduría teológica con una claridad desconcertante.

Tradicionalmente, la teología cristiana ha dado a la razón un rol subordinado a la revelación. Tomás de Aquino dijo que necesitábamos que las verdades sobrenaturales nos fueran reveladas. La razón humana, por sí sola, no podía llegar a los misterios divinos. Lo que sí podía hacer era reflexionar sobre ellos una vez estos habían sido revelados. La doctrina de la trinidad reúne en un todo coherente las doctrinas cristianas de la creación, la redención y la santificación. Al hacerlo, pone delante de nosotros la visión de un Dios que creó el mundo, y cuya gloria puede verse reflejada en las maravillas del orden natural; un Dios que redimió el mundo, cuyo amor puede verse en el rostro tierno de Cristo; y un Dios que está presente ahora en la vida de los creyentes. En ese sentido, puede decirse que la doctrina preserva el misterio de Dios asegurándose de que el reduccionismo o el racionalismo no empobrezcan la comprensión cristiana de Dios.

Razón y misterio

Aunque la razón es importante y útil en el ámbito de la teología, tenemos que reconocer sus límites a la hora de explicar la realidad. Si no podemos explicar algo, quizá simplemente esté mal. Pero también podría ser tan profundo y complejo que simplemente no podemos comprenderlo. Los autores patrísticos solían comparar el comprender a Dios con mirar directamente al sol. Así como el ojo humano no puede soportar el brillo del sol, la mente humana tampoco puede soportar la gloria de Dios.

Encontramos un ejemplo de ello en una conversación entre el emperador romano Adriano y el rabino judío Josué ben Hananiah (131 d. C.). Adriano, con actitud despectiva, le dijo a Josué que le mostrara a su dios. El rabino contestó que eso era imposible, pero el emperador no quedó contento con la respuesta. Por tanto, Josué llevó al emperador afuera y le dijo que mirara al sol del mediodía (¡recordemos que estaban en Palestina!). "¡Eso es imposible!", le dijo el emperador. "Si no puedes mirar el sol", le respondió el rabino, "¿cómo vas a ver la gloria del Dios que lo creó?".

Aquí recurrimos a la idea de "misterio". Desgraciadamente, se trata de una palabra que fácilmente se malinterpreta. El lenguaje teológico a veces parece tener muy poca relación con las palabras que usamos en la vida diaria. Por ejemplo, nuestra definición de "esperanza" podría ser "Algo que me encantaría que fuera verdad". Por lo que el profundo sentido teológico de esta palabra, "una expectativa cierta y segura", se ha perdido por el camino. Tenemos el mismo problema con la palabra que Pablo usa exultante en la siguiente declaración: "el misterio que se ha mantenido oculto por siglos y generaciones, (…) ahora se ha manifestado a sus santos" (Colosenses 1:26). ¿Qué queremos decir con la palabra "misterio"?

Cuando empecé a estudiar teología, el significado de esta palabra me parecía obvio. Por aquel entonces, yo era un ávido fan de la ficción detectivesca, y frecuentaba los puestos de libros de segunda mano del mercado de Oxford en busca de novelas de Earl Stanley Gardner para añadirlas a mi colección. Para satisfacción mía, la serie *Inspector Morse* de Colin Dexter empezó por aquel tiempo, ¡y encima estaba rodada en Oxford! Mi comprensión teológica de la palabra "misterio" provenía principalmente de la ficción detectivesca. Un misterio era una serie de sucesos enigmáticos que podían llegar a resolverse gracias al trabajo de un detective inteligente.

Con el paso del tiempo, me di cuenta de que mi compresión de la palabra "misterio" no era correcta, que no se correspondía con la forma en la que el Nuevo Testamento utiliza dicho término. Cuando empecé a batallar con autores como Gregorio de Nisa (335-394), pude ver que había otra forma de entender esa palabra, y que además tenía mucho más sentido. Los autores del Nuevo Testamento y también los autores cristianos usan el término "misterio" para referirse a las profundidades ocultas de la fe cristiana que la razón no puede explicar. Decir que Dios es un misterio no es adentrarnos en un tipo de oscurantismo o en una creencia confusa y vaga. Es simplemente admitir los límites de nuestra razón humana y la comprensión que podemos llegar a obtener acercándonos al Dios vivo. Estamos predispuestos a reducir a Dios a un tamaño que nos sea manejable, a bajarlo a nuestro nivel, a diluirlo. Sin embargo, deberíamos dejar a Dios abrir nuestras mentes y aumentar nuestra comprensión de la gloria y la realidad divinas.

Tenemos un instinto natural y totalmente sano de rechazar cualquier cosa que parezca irracional. No obstante, hay ciertos aspectos del mundo que la razón humana no alcanza a entender. En su obra *Las variedades de la experiencia religiosa* (1902), el famoso psicólogo William James (1842-1910) dice que la experiencia religiosa "desafía al lenguaje" pues las palabras no son suficientes para describirla. "Se tiene que experimentar en primera persona; no se puede comunicar o transferir a otros". Es cierto que una experiencia puede ser difícil o imposible de describir; pero eso no significa que sea irracional o absurda.

Autores tales como Tomás de Aquino nos recuerdan que la fe cristiana no contradice la razón, sino que la trasciende. Es un reconocimiento honesto de los límites de nuestra capacidad de enfrentarnos a la inmensidad, límites que describió muy bien Agustín de Hipona cuando dijo: "Si puedes comprenderlo, no es Dios". Nuestra razón no es capaz de asimilar la profundidad intelectual de lo divino, del mismo modo en que nuestras palabras no alcanzan a expresar el encuentro que hemos tenido. En cierto sentido, la doctrina de la trinidad es nuestro reconocimiento de que, como seres creados, finitos, caídos e imperfectos, simplemente no podemos comprender o expresar de forma completa todo lo que Dios es. Debemos hacer todo lo que podamos y aceptar las limitaciones de nuestra razón.

La tradición

Ahora regresamos a la idea de tradición, que introdujimos anteriormente. La palabra "tradición" proviene del término latino *traditio*, que significa "entregar", "pasar" o "transmitir". Es una idea completamente bíblica. Por ejemplo Pablo les recuerda a sus lectores que les está transmitiendo las enseñanzas principales de la fe cristiana que él mismo había recibido de otras personas (1 Corintios 15:1-4). El término puede referirse tanto a la acción de transmitir enseñanzas a otros —algo que, como Pablo dice, debemos hacer en la iglesia—, como al conjunto de enseñanzas que se transmiten de ese modo.

Las epístolas pastorales en particular (tres cartas del Nuevo Testamento reflejan una preocupación especial por la estructura de la iglesia y la transmisión de la enseñanza cristiana: 1 y 2 Timoteo y Tito) enfatizan la importancia de "cuidar la preciosa enseñanza que se te ha confiado" (2 Timoteo 1:14). El Nuevo

Testamento también usa la idea de "tradición" en un sentido negativo para referirse a "las ideas y prácticas humanas que no han sido ordenadas por Dios". Por eso Jesucristo criticó abiertamente algunas tradiciones humanas del judaísmo de su tiempo (por ejemplo, ver Mateo 15:1-6; Marcos 7:13).

La importancia de la tradición salió a la luz en el siglo II, debido a la aparición de las ideas gnósticas, que giraban en torno a diversas cuestiones, incluyendo cómo se alcanzaba la salvación. (La palabra "gnóstico" deriva del vocablo griego *gnosis*, "conocimiento", y hace referencia a la creencia de que para alcanzar la salvación había que conocer ciertas ideas secretas). Los autores cristianos tuvieron que enfrentarse a interpretaciones de la Biblia muy inusuales y altamente creativas. ¿Cómo debían responder? ¿Todas las interpretaciones de la Biblia tenían el mismo valor?

Ireneo de Lyon (c. 130 - c. 200), uno de los grandes teólogos de la iglesia primitiva, pensaba que no. La cuestión sobre cómo debía interpretarse la Biblia era de suma importancia. Él decía que los herejes interpretaban la Biblia según sus ideas y que los creyentes ortodoxos, por el contrario, la interpretaban de un modo que los autores apostólicos habrían aprobado. Los apóstoles no solo habían entregado a la iglesia los textos bíblicos, sino también un modo concreto de leer y entender dichos textos.

Lo que Ireneo quería decir es que había una clara continuidad en la enseñanza, la vida y la interpretación cristianas entre el tiempo de los apóstoles y su tiempo. La iglesia podía nombrar a aquellos que habían mantenido la enseñanza de la iglesia, y podían nombrar también aquellos credos públicos que recogían las principales enseñanzas de la fe cristiana. Por tanto, la tradición era aquello que garantizaba la fidelidad a la enseñanza apostólica original, un salvaguardia ante las innovaciones y las interpretaciones incorrectas de los textos bíblicos por parte de los gnósticos.

Pero para los que vivimos en el siglo XXI, la tradición es mucho más que eso: es tener acceso al tesoro de 2000 años de reflexión cristiana sobre lo que significa ser creyente, sobre cómo entender la fe y transmitirla a los demás, sobre cómo vivir la fe cristiana. Como dijo Sir Isaac Newton, podemos ver más lejos porque nos alzamos sobre los hombros de gigantes. La cultura contemporánea occidental está dominada por una ideología de lo efímero, basada en filosofías y valores que sabemos que no durarán más de unas décadas. Tomarse en serio la "gran tradición" es conectarse con una enorme comunidad de pensadores; es escuchar sus conversaciones y reflexiones, y por tanto alimentarse y enriquecerse; y, por encima de todo, es ganar *estabilidad*.

En el próximo capítulo veremos cómo la teología enriquece la fe, y meditaremos en el papel del teólogo.

2

Teología práctica:
el paisaje de la fe (2)

La teología delinea el paisaje de la fe y saca a la luz la riqueza de la fe cristiana permitiéndonos apreciar de forma más profunda sus distintos elementos. ¿De qué forma puede el análisis teológico ayudarnos en este proceso de apreciación? Veamos un ejemplo. ¿Cuál es la importancia de la eucaristía? (Los cristianos han usado diferentes términos para referirse a la eucaristía, que incluyen *misa, santa comunión* y *santa cena*). ¿De qué modo dirigir o participar en la eucaristía enriquece la fe personal? Fácilmente podemos identificar cuatro niveles de significado en este sacramento, cada uno de los cuales tiene importancia teológica.

1.   Rememorar: mirar hacia atrás

La eucaristía invita a los cristianos a mirar al pasado y recordar las acciones salvadoras de Dios en general y, por encima de todas, la cruz y la resurrección de Cristo. El principio general de rememorar los actos salvadores de Dios se establece en el Antiguo Testamento. Por ejemplo, muchos de los salmos (como el Salmo 136) invitan a Israel a recordar cómo Dios les libró de Egipto y les llevó a la tierra prometida. La idea es bien sencilla: puedes confiar en que el Dios que actuó con fidelidad en el pasado hará lo mismo en el presente y en el futuro.

Recordar el pasado también enfatiza la continuidad entre la iglesia e Israel, el nuevo y el antiguo pacto. A menudo se ha dicho que la eucaristía puede verse (aunque el paralelismo no es exacto) como el equivalente cristiano de la pascua. Según los evangelios sinópticos, la "santa cena" fue una cena pascual, lo que apunta a que Jesús quería que sus seguidores relacionaran el acto por el que Dios liberó a Israel de Egipto con el mayor acto de liberación que iba a tener lugar.

2. Anticipar: mirar hacia adelante

Después de invitar a los cristianos a mirar hacia atrás para recordar, la eucaristía también apunta hacia el futuro, invitando así a los cristianos a anticipar lo que ocurrirá. Esta idea está muy presente en el Nuevo Testamento. Por ejemplo, el relato paulino de la eucaristía menciona que esta anuncia el regreso de Cristo en el futuro (1 Corintios 11:24-26): "Porque cada vez que coméis este pan y bebéis de esta copa, proclamáis la muerte del Señor hasta que él venga". Y también encontramos esta idea en la visión de la nueva Jerusalén que aparece en el libro de Apocalipsis, que habla de "la cena de las bodas del Cordero" (19:9). Aquí se está haciendo referencia a Jesucristo como el "Cordero de Dios que quita el pecado del mundo" (Juan 1:29). Es importante ver la eucaristía como una celebración presente de un acontecimiento futuro. Por esta razón, el Concilio Vaticano II describe la eucaristía como un "anticipo del banquete celestial". El temprano autor cristiano Teodoro de Mopsuestia (c. 350-428) escribió que la eucaristía nos permite ver un destello de las realidades celestiales y anticipar nuestra futura presencia en ese lugar. Miramos a través de la mirilla de los portales de la nueva Jerusalén y anhelamos unirnos a la alabanza que allí tiene lugar.

3. Afirmar la fe de la persona

Otra función de los sacramentos es afirmar la fe presente de cada creyente. Este proceso de afirmación tiene lugar a través de la mente y la imaginación. El creyente, ubicado en el presente, puede reflexionar en lo que Dios ha hecho en el pasado, anticipar lo que Dios hará en el futuro y, como consecuencia, fortalecer su fe y confiar en Dios.

Esta comprensión de que la eucaristía fortalece la fe del creyente la encontramos a lo largo de toda la historia cristiana. Cobró importancia sobre todo durante la Reforma del siglo XVI, cuando los principales pensadores protestantes enfatizaron la importancia de confiar en Dios, incluso en situaciones de enorme incertidumbre. Para la primera generación de reformadores protestantes, los sacramentos eran la forma en la que Dios daba consuelo y seguridad a los creyentes, a pesar de su debilidad y falta de confianza. Los sacramentos representan y reafirman las promesas y la gracia de Dios usando objetos de la vida cotidiana para ayudarnos a entender y a aferrarnos a la fidelidad de Dios.

4. Afirmar la pertenencia a un colectivo

Podemos decir que los sacramentos refuerzan el apoyo mutuo de los miembros de la comunidad cristiana. En un sentido, ese es el significado original de la palabra latina *sacramentum*, un solemne juramento de obediencia y compromiso. Para que una sociedad tenga cierta cohesión, debe contar con un acto que todos compartan y que muestre y a la vez refuerce esa unidad. A principios del siglo V, Agustín de Hipona explicó esta faceta de la santa cena: "Ninguna religión, ya sea verdadera o no, puede mantener a los creyentes unidos si no los reúne en torno a unas señas o sacramentos visibles".

* * *

El análisis teológico nos ayuda a identificar y explorar estos cuatro niveles de significado de la eucaristía. Nos permite ver cada uno de los árboles, en lugar de quedarnos solo con la visión del bosque. Nos ofrece un mapa que nos ayuda a ver el sentido de nuestro peregrinaje de fe, y a disfrutar más de él. Como la guía de un museo de arte, la teología señala aquellas cosas que pasaríamos por alto para que podamos verlas, apreciarlas y, en definitiva, beneficiarnos de ellas.

Es importante darnos cuenta del potencial que este análisis teológico tiene para la predicación, la pedagogía y la espiritualidad cristianas. Por ejemplo, consideremos los conceptos de "rememorar" y "anticipar" con mayor detenimiento. Ambos fueron clave en el Antiguo Testamento para desarrollar la comprensión del significado del éxodo. A Israel se le dice constantemente que recuerde el exilio en Egipto, que traiga a la memoria todo lo que Dios ha hecho en su favor desde entonces (Salmo 135:5-14; Salmo 126:1-26). Israel miraba atrás a la liberación de Egipto y recordaba la fidelidad del Dios que lo había creado. Y miraba con esperanza hacia adelante, con la vista puesta en el día en que entrarían en la tierra donde abundaban la leche y la miel. Mientras Israel merodeaba por el desierto, esos recuerdos eran como anclas que afianzaban su fe en tiempos de duda.

De nuevo, esos mismos conceptos mantuvieron viva la esperanza y la fe de Israel durante el largo cautiverio de Jerusalén en Babilonia en el siglo VI a. C. Las conocidas palabras del Salmo 137 captan el sentido de añoranza de los exiliados:

> *Junto a los ríos de Babilonia nos sentábamos,*
> *y llorábamos al acordarnos de Sión.*

La idea de regresar a su hogar sostuvo a los exiliados durante los duros años de exilio. También puede sostenernos hoy. Vivimos en este mundo; nuestro hogar está en los cielos. El peregrinaje cristiano está situado entre el pasado y el futuro y se sostiene gracias a la *memoria* por un lado y a la *anticipación* por otro.

¿Cómo puede el teólogo compartir y aplicar estas reflexiones? ¿Cómo puede la teología servir a la comunidad de fe? Ofreceré aquí algunas reflexiones sobre el llamado y el papel del teólogo, y lo haré usando cuatro categorías que, aunque no son exactas, nos ayudarán en nuestras consideraciones.

1. Un recurso humano para la comunidad cristiana local

El teólogo está llamado a animar a la iglesia a mantener sus raíces en su rico pasado, está llamado a identificar y a aplicar a nuestras situaciones presentes aproximaciones, percepciones y prácticas extraídas de la extensa tradición de reflexión cristiana sobre las Escrituras. El teólogo es como "el dueño de una casa, que de lo que tiene guardado saca tesoros nuevos y viejos" (Mateo 13:52). El estudio de la teología nos previene de reinventar la rueda una y otra vez en aquellas ocasiones en las que vemos la necesidad de responder ante una situación o cuestión y no somos conscientes de que la iglesia ya ha desarrollado las herramientas necesarias para responder.

La mayoría de los pastores o ministros, aunque no es simplemente culpa suya, solo conocen de forma superficial las riquezas de la tradición cristiana. ¿Cómo es que los acercamientos contemporáneos a la educación teológica permiten una lectura altamente superficial y selectiva de la tradición, cuando lo que se necesita es un acercamiento que lleve a la inmersión total? Por otro lado, el teólogo debería ser capaz de ver cómo las reflexiones del pasado pueden informar y nutrir a la iglesia contemporánea, y ayudar a los líderes a descubrir y aplicar este rico recurso a su ministerio.

Los que somos teólogos quizá queramos llevar esta idea adelante, y pensar en desarrollar una "teología local": una visión de la fe cristiana y su contextualización para nuestra comunidad. Eso significará conocer bien la forma de hablar y de pensar de nuestra comunidad y las situaciones a las que se enfrenta. Para contextualizar la proclamación del evangelio deberemos tener en cuenta cuestiones importantes como la cultura, clase, etnia e historia de las personas que conocemos y a las que servimos. Nos detendremos en este aspecto en el capítulo 6.

2. Un intérprete de la tradición cristiana al servicio de la iglesia

¿Cómo debe el teólogo interpretar la tradición ante la iglesia? Podemos encontrar una respuesta mirando los acercamientos de aquellos que han visitado los tesoros del pasado y han encontrado joyas con las que enriquecer la espiritualidad y las prácticas de la iglesia de su tiempo. Thomas Merton (1915-1968), por ejemplo, retomó algunos conceptos del escritor monástico Bernard de Clairvaux

(1090-1153) para aplicarlos a las preocupaciones de la iglesia moderna. A finales de la década de 1960 en Occidente, muchos se volvieron a las religiones orientales para beber de su espiritualidad. Merton vio ese creciente interés por el budismo zen como un síntoma de un anhelo por algo que el cristianismo ya poseía, pero que parecía haber olvidado o perdido. Para muchos, los intentos de Merton por reavivar y restablecer esas tradiciones representan un hito histórico en la espiritualidad cristiana.

De forma similar, el autor evangélico inglés J. I. Packer estudió en profundidad la tradición puritana y concluyó que, aunque había que acercarse de forma *crítica*, ese importante periodo de la historia cristiana tenía mucho que ofrecer a la iglesia contemporánea. Tanto Merton como Packer ofrecen una teología de recuperación: recuperamos la teología del pasado para dar más profundidad y estabilidad al presente. Obviamente, estos dos ejemplos tan solo son una muestra. Existen muchos otros tesoros del pasado por descubrir y aplicar a nuestras preocupaciones como cristianos, que nos ayudarán a entender mejor las cosas y a enfocarlas con mayor tino.

Hacemos teología en compañía, conversando con otros que ya han pensado sobre esas cuestiones antes que nosotros. Pensemos, por ejemplo, en el tema del sufrimiento. Los que luchan con esta pregunta a un nivel intelectual pueden recurrir a autores como Agustín, C. S. Lewis o Richard Swinburne para encontrar respuestas aceptables. Muchos otros no buscan necesariamente entenderlo todo, pero se acercan al sufrimiento desde un punto de vista existencial. Como buscan confirmación de que Dios sigue siendo real en sus vidas a pesar del dolor que están experimentando, probablemente acaben leyendo a Martín Lutero o a Jürgen Moltmann, dos autores que muestran cómo el sufrimiento de Cristo capacita al creyente para aguantar en tiempos de crisis personal.

3. Un intérprete de la tradición cristiana al servicio del mundo

El teólogo también está llamado a interpretar la tradición cristiana para el mundo. Para el cristiano, aislarse en los "lugares familiares" o "seguros" no es aceptable. Somos llamados a ser sal y luz en el mundo: a ser en medio de nuestras comunidades una presencia redentora, transformadora y restauradora.

La presencia y la voz cristianas en nuestra cultura nunca han sido tan necesarias como ahora. Como evidencia el reciente aumento del nuevo ateísmo, la apologética es cada vez más importante para la iglesia. La teología informa a la apologética, ayudando al apologeta a tener una mayor y más firme comprensión de las riquezas del evangelio, y por tanto una comprensión de cuáles de sus muchas facetas serán el mejor punto de partida o el enfoque más apropiado cuando la fe sea cuestionada. Al refrescar nuestra visión de Dios, la teología garantiza que constantemente presentemos la fe a nuestra cultura como una realidad dinámica y transformadora. Hablamos de Dios, no como quien repite de forma rígida e inexpresiva un credo perteneciente al pasado, sino con el entusiasmo y la pasión que provocan el descubrimiento y el compromiso.

4. Un peregrino más de la comunidad de fe

La teología muchas veces se ve como una disciplina desconectada de la vida y del testimonio de la iglesia. Sé que puede ser así; pero también sé que no debería ser así. Para ilustrar esta faceta, vamos a considerar a algunos de los gigantes de la teología cristiana. Atanasio de Alejandía, Agustín de Hipona y Martín Lutero estaban muy comprometidos con la vida y el bienestar de la iglesia, y C. S. Lewis asistía regularmente a su iglesia local anglicana en Headington, Oxford.

Ninguno de estos teólogos eran "extraños", observadores externos e indiferentes, sino que participaban de la vida de la iglesia, y la veían como parte vital de su misión y ministerio. Para ellos no había tensión entre la exploración intelectual de la fe cristiana y su aplicación práctica a la espiritualidad, la predicación, el ministerio y el cuidado pastoral. El aumento de libros con títulos como *Cuidado pastoral en la tradición clásica* nos da una idea del acercamiento profundamente *teológico*, pero también del acercamiento profundamente *práctico* de estos teólogos, acercamientos que tienen mucho que ofrecer a la iglesia de hoy.

Obviamente, ¡qué en las universidades se enseñe y estudie teología no tiene nada de malo! Pero cuidado: que sus raíces no dejen de estar en la alabanza, la oración y la adoración. El gran poeta y naturalista estadounidense Henry David Thoreau (1817-1892) una vez se quejó diciendo "hoy en día hay *profesores de filosofía*, pero no hay *filósofos*". Si podemos entender lo que está diciendo, también podremos ver cómo evitar convertirnos en teólogos desconectados. La teología está en su mejor momento y es más auténtica cuando se pone en práctica en el ministerio, la misión y la alabanza.

* * *

Estudiar teología es como una expedición: descubrimos delante de nosotros vistas nuevas y espectaculares. Pero cuando nos familiarizamos con las grandes ideas, palabras e imágenes de la fe, existe el peligro de que comencemos a darlas por sentado. Parte de nuestro viaje teológico consistirá en mantenerlas vivas y frescas. Debemos intentar ver como el forastero, y preguntarnos: ¿de qué forma estas ideas pueden transformar la perspectiva de alguien que en el presente no sabe nada de la vida de fe? ¿Hay otras formas en las que puedo presentar y explicar estas ideas, otras formas que ayudarán a que las aprecien? El peregrinaje intelectual de la iglesia siempre ha incluido explorar nuevas formas de presentar verdades antiguas, verdades que, a veces, se quedan atrapadas, como la mosca en el ámbar, en el lenguaje y las imágenes de tiempos de antaño.

Y esto nos lleva a una cuestión de no poca importancia. Los que somos llamados a ser teólogos tenemos que estudiar teología con las necesidades de la comunidad de fe en mente:

¿De qué forma afecta esto a la manera en la que vemos el mundo? ¿Cómo podría predicar esta idea? ¿Cómo puedo aplicar esto al cuidado pastoral? Hace tiempo que me tomé en serio estas palabras de C. S. Lewis: "He llegado a la conclusión de que si no puedes traducir tus pensamientos a un lenguaje simple, entonces tus pensamientos son confusos. Esa capacidad para traducir es la prueba de que realmente has entendido lo que quieres decir". Por ejemplo, ¿cómo explicaríamos el término "salvación" en un "lenguaje simple"? ¿Qué historias contaríamos para poder transmitir la idea? ¿Qué imágenes y analogías usaríamos para captar la atención de nuestros oyentes?

Cada uno de nosotros debe contextualizar el rico patrimonio teológico de la fe, interpretar y aplicar esta magnífica tradición a nuestra comunidad. Llegaremos a conocer su manera de pensar y de hablar, sus preocupaciones y aspiraciones, y aprenderemos a acercarle el evangelio cristiano usando un lenguaje y unas imágenes que sean comprensibles.

* * *

Por último, debemos subrayar la relación que hay entre la teología y la alabanza. Cuando caemos de rodillas, adorando el misterio de la fe cristiana, la teología ha hecho bien su trabajo. En un sentido, la alabanza se convierte en el contexto y del corrector de la teología.

La alabanza es el *contexto* perfecto para la teología porque es una vigorosa reiteración de la majestad y la gloria de Dios. Nos trae a la mente esa realidad más grande que hay detrás de las ideas y el lenguaje que a la teología le preocupa controlar. Cuando la teología se vuelve insípida y seca, la alabanza puede rejuvenecerla: la alabanza es el crisol donde el gozo es puesto a prueba, donde la teología puede reconectarse de nuevo con su tema de estudio. De este modo, la alabanza corrige las concepciones erróneas de la teología, especialmente aquellas que ven la teología simplemente como un conjunto de ideas.

Sin embargo, la teología también puede servir de corrector de la alabanza. La alabanza fácilmente puede verse como una mera actividad humana, capaz de fortalecer y provocar un cambio por medio de las técnicas adecuadas. Pero la verdadera alabanza no surge provocando emociones o subiendo el volumen de la música; surge de forma auténtica cuando reflexionamos sobre quién es Dios y de forma natural anhelamos responder en alabanza y adoración. Tomo prestada una expresión de John Henry Newman: es a través de una práctica del cristianismo marcada por la vida devocional, espiritual y de oración que obtenemos una "comprensión real" (en lugar de una "comprensión puramente intelectual") de qué significa hacer teología.

* * *

Para acabar, la iglesia es una comunidad de visión, porque el evangelio de Cristo es quien marca su identidad y su misión. Sin una idea clara de su llamado y su propósito, la iglesia —esa guardiana de recuerdos culturales que cada vez menos gente quiere perpetuar— desaparecerá. No podemos vivir de recuerdos. Sin embargo, sí podemos vivir y actuar según la visión poderosa y transformadora que hemos recibido de los apóstoles. La teología puede ayudarnos a apreciar su vitalidad, a proclamar ante el mundo lo emocionante que es y a experimentar el gozo que produce.

Sin embargo, la fe cristiana es mucho más que una explicación del mundo; la fe cristiana ofrece la esperanza de algo mejor: una nueva creación y la nueva Jerusalén. La teología no solo nos ayuda a apreciar el paisaje de la fe en este mundo. Nos da una visión de otro paisaje más allá del horizonte, un nuevo mundo que aún tiene que nacer y nos asegura que formaremos parte de él. La teología práctica no solo promueve el pensamiento cristiano en el presente, sino que sustenta la esperanza cristiana sobre el futuro. Como Moisés, podemos subir a la montaña para mirar más allá del río y ver la tierra prometida, donde todos habitaremos un día. La teología nos ayuda a ver este mundo desde la perspectiva adecuada.

Muchos teólogos medievales decían que no había mayor privilegio o placer que mirar a Dios cara a cara. Este privilegio estaba reservado para el cielo, cuando quedaríamos libres de las limitaciones impuestas sobre la naturaleza humana a causa de nuestra naturaleza de criaturas y nuestra pecaminosidad. Bernardo de Cluny (c. 1100-c. 1150) expresa esta esperanza como sigue; una esperanza que la teología ayuda a sustentar, articular y transmitir:

A Dios, nuestro rey y porción,
Y la plenitud de su gracia,
Veremos allí por siempre
Donde adoraremos cara a cara.[1]

3

El evangelio y la transformación de la realidad:
El elixir de George Herbert

"No os amoldéis al mundo actual, sino sed transformados mediante la renovación de vuestra mente" (Romanos 12:2). A lo largo de todos sus escritos, Pablo habla de forma reiterada del poder transformador del evangelio, de la capacidad que este tiene para cambiar la vida de las personas, incluyendo la forma en la que entendemos el mundo y la forma en la que nos comportamos en él y con él.

El Nuevo Testamento usa un amplio abanico de imágenes para describir esta transformación, y muchas de ellas apuntan a un cambio en la forma en la que vemos las cosas: nuestros ojos se abren, el velo se cae (Hechos 9:9-19; 2 Corintios 3:13-16).[1] A menos que Dios intervenga, somos incapaces de ver las cosas tal como son. Esta idea era importante para la novelista y filósofa moral Iris Murdoch, que enfatizaba que "abrir los ojos no significa necesariamente ver lo que tenemos delante (…). Nuestras mentes están siempre activas fabricando un velo cargado de ansiedad y de preocupación por uno mismo, un velo que adultera nuestra visión".[2] Necesitamos deshacernos de ese velo, que nuestros ojos sean sanados; y tanto una cosa como la otra son obra de la gracia divina, y no de la capacidad o del logro humano. Como dijo Agustín de Hipona, la gracia divina "sana los ojos del corazón"[3] para que ya no veamos el mundo de un modo fragmentado y distorsionado, sino que podamos verlo tal como es.

Por tanto, la teología tiene que ver con el *discernimiento*, con ver la realidad de un modo concreto e intentar resolver sus ambigüedades a través de ese marco interpretativo.[4] ¿Pero cómo podemos visualizar esta nueva forma de ver el mundo? ¿Cómo aprehenderlo con el poder de la imaginación, en lugar de comprenderlo simplemente con la mente? ¿De qué forma el evangelio cristiano mejora nuestra capacidad visual para que podamos llegar a discernir las huellas de Dios en la arena, el rastro de su paso a lo largo del camino y su presencia y poder en nuestra vida cotidiana? Aunque no debemos olvidar la importancia de la razón y la comprensión intelectual, también debemos valorar el poder de la imaginación del ser humano como guardiana del alma humana.

La teología es una actividad de la imaginación tanto como una actividad de la razón, a través de la cual buscamos llegar más allá, empujando hacia arriba, hacia fuera y hacia delante. La teología enmarca el paisaje de la realidad de tal modo que nuestra vivencia cotidiana queda enmarcada dentro de una perspectiva más amplia. El mundo, que antes era un fin en sí mismo, ahora pasa a ser una puerta hacia algo más grande.

* * *

En los últimos años, los teólogos y los expertos en literatura han prestado una mayor atención a la riqueza teológica de la poesía de George Herbert (1593-1633). Cada vez más, muchos están de acuerdo en que Herbert, aunque enmarcado en la tradición de la reforma europea, poseía una habilidad extraordinaria para trasladar esa teología a formas literarias capaces de cautivar la imaginación.[5] En la poesía de Herbert encontramos la siguiente comprensión del rol de las palabras: hacer de puente entre el cielo y la tierra, entre el creyente y Cristo.[6] El uso de figuras retóricas evocadoras (tropos) le permitió establecer puentes entre el mundo secular y profano y los temas centrales de la fe cristiana.[7] Su brillante aportación fue ofrecer una forma viva e imaginativa de expresar esos temas, que contrastó con los comentarios bíblicos cultos y los densos tomos de teología sistemática de su tiempo.

Este tema era para Herbert de suma importancia. Sus escritos muestran que él era muy consciente de la importancia del receptor y de la limitación de las palabras como medio de comunicación.[8] Su poema *Windows* (Ventanas) empieza con una pregunta dirigida a Dios:

Señor, ¿cómo puede el hombre predicar Tu palabra eterna?

No obstante, rápidamente pasa a hablar de los límites de la predicación puramente verbal, que corre el riesgo de ser "aguada, apagada y débil". Para ser fiel y eficaz, la predicación debe casar y fundir "la doctrina y la vida, los colores y la luz". La poesía de Herbert es en sí un intento de encarnar ese rol del predicador como una "ventana" a la verdad divina, que afecta a la vida real, y no solo al entendimiento.[9]

Su colección de poemas *The Temple* (El templo) está considerada un tesoro literario y teológico y ha suscitado mucho interés y comentarios. Por ejemplo, ¿el orden de los poemas responde a una estructura teológica o litúrgica?[10] Aquí no trataremos esta importante cuestión, sino que nos centraremos en la que a menudo se ha descrito como la obra más bella y significativa de Herbert: *El elixir*.

Originalmente, el título del poema fue *Perfection* (Perfección), y empezaba con la siguiente estrofa, que presenta a Dios como el punto de referencia para el juicio tanto moral como racional.

Señor, enséñame a encomendar
Todo lo que hago a ti,
No solo para no errar
Sino para te agradar.

Herbert revisó *El elixir* extensamente[11] en respuesta a preocupaciones tanto literarias como teológicas.[12] El primer borrador del poema parece girar en torno a la idea de cómo el creyente aparece ante Dios, y el borrador final está más interesado en cómo el creyente actúa para Dios.[13] Sin embargo, el cambio más significativo tiene que ver con las analogías que escoge para referirse a la transformación de la visión y acción que para Herbert es un elemento fundamental de la fe cristiana.

Inicialmente, Herbert tiene preferencia por las analogías sacadas del mundo vivo de la naturaleza. No obstante, a partir del tercer borrador, las sustituye por analogías extraídas del mundo inorgánico de la alquimia. Al final añade un verso significativo, que contiene una imagen que pasa a dominar el poema: Cristo como la mítica "piedra filosofal".[14]

Esta es la famosa piedra
Que todo lo vuelve en oro:
Pues lo que Dios toca y posee
Se convierte en un valioso tesoro.

Esta imagen alquímica es profundamente significativa, tanto desde una perspectiva literaria como teológica. La imagen clásica de la "piedra filosofal" apela poderosamente al deseo humano de trascender los límites presentes en nuestro mundo. Los metales comunes podían convertirse en oro; la mortalidad en inmortalidad.[15] Está claro que los autores ingleses de la Edad Media y del Renacimiento estaban familiarizados con la terminología y la literatura alquímica, y aunque los círculos literarios normalmente ridiculizaban las ideas principales de la alquimia[16] (por ejemplo, Francis Bacon habló con preocupación de sus "tradiciones crédulas y supersticiosas"),[17] la potencia de aquellas imágenes hizo que su posterior utilización en sermones y poemas fuera inevitable. El gran predicador puritano Richard Sibbes (1577-1635) habló de la gracia de Dios usando la expresión "un bendito Alquimista", porque "todo lo que tocaba se volvía bueno y religioso".[18] Por tanto, John Donne y George Herbert no eran los únicos que creían que a este simbolismo tóxico se le podía dar un uso literario, incluso teológico, para producir una "alquimia religiosa".[19] Donne usa varias imágenes de la alquimia en sus poemas dirigidos a la Condesa de Bedford. Más importante aún, descubrimos la "tintura" alquímica tomando un rol icónico y significativo en su *Resurrection, Imperfect* (*Resurrección, Imperfecta*). Este poema presenta a Cristo como el que transforma los metales comunes de la naturaleza humana caída y mortal otorgándoles su naturaleza imperecedera e inmortal.

> *Durante tres días cual mineral yació;*
> *Oro fue mientras estuvo recostado, mas resucitó*
> *Como tintura, y no solo dispone*
> *Que voluntades férreas hagan el bien, pues poder tiene*
> *Para que aun la carne pecaminosa, como la suya llegue*
> *a ser.*

Las imágenes alquímicas de Herbert ofrecían un marco creativo que servía para expresar poéticamente cómo Cristo transforma la percepción que los creyentes tienen del mundo. Si los teólogos y los predicadores de su tiempo generalmente usaban conceptos abstractos para expresar las nuevas actitudes que la fe en Cristo generaba, como por ejemplo una teología del trabajo y la vocación,[20] Herbert eligió utilizar palabras e imágenes que tenían la capacidad de perdurar en las mentes de los fieles, y así impactar de forma permanente la manera en la que veían el mundo. Cristo, la "piedra filosofal", transforma, trasmuta y revaloriza la vida humilde y miserable del creyente, convirtiéndola en algo significativo y valioso. Este tema aparece en varias ocasiones en *The Temple* (El templo), así como en su importante poema *Easter* (Pascua):

> *Levántate, corazón; tu Señor ha resucitado.*
> *Alábale sin tardar,*
> *Pues él te toma de la mano, para que tú también*
> *Con él puedas resucitar:*
> *Para que, después de reducirte a cenizas con su muerte,*
> *Pueda con su vida volverte oro, y más aún, justo hacerte.*

El poema ve a Cristo como el agente que transforma el polvo en oro, las cenizas en metal precioso.

Sin embargo, puede decirse que la aplicación teológica más sofisticada de ese simbolismo de la alquimia la encontramos en las últimas versiones de *El elixir*, en torno a tres conceptos principales: la "piedra filosofal" misma, sustancia que se creía que tenía el poder de transmutar el metal común en oro; el "elixir", un polvo derivado de dicha piedra; y la "tintura", que se producía mezclando el polvo con un líquido como agua o alcohol. La literatura alquímica sugiere muchas formas de interpretar estos conceptos, y probablemente la mejor forma de verlos sea como conceptos fundamentalmente ambiguos.[21] Para Herbert, los tres son un agente de transmutación y revalorización; cuando entran en contacto con metales comunes, los tres tienen el poder de transformar el metal en oro.

¿Qué tiene que ver todo esto con la teología? ¿De qué forma *El elixir* de Herbert nos ayuda a ver la capacidad de la teología para transformar nuestra percepción del mundo, y por tanto nuestras acciones? La primera estrofa del poema sienta las bases para la discusión que aparece después. Criticadas a menudo por su trivialidad,[22] estas líneas enfatizan la importancia de "ver" el mundo correctamente.

> *Enséñame, mi Dios y Rey,*
> *A verte en todas las cosas,*
> *Y todo lo que hago,*
> *A hacerlo como para ti.*

Estas líneas introductorias contienen los temas centrales que permean este poema. Para Herbert, las habilidades disciplinadas necesarias para ver las cosas tal como son deben verse como un regalo de la gracia divina, que luego son perfeccionadas por la predicación y los sacramentos de la iglesia. El hábito de pensar, que está detrás de la interacción cristiana madura con la realidad, proviene de Dios, y no de una inteligencia o experiencia humana innata. Los hábitos del pensamiento nos llevan de la reflexión sobre el mundo a la acción en el mundo. Sabemos que todos estos temas son elementos corrientes dentro de las tradiciones teológicas anglicana, reformada y luterana que Herbert conoce, directa o indirectamente. La genialidad de Herbert no está en que les diera origen, sino en cómo los expresa y examina poéticamente.

Así que, ¿de qué modo nos ayuda esto a reflexionar sobre las tradiciones y tareas de la teología cristiana? El concepto de Herbert sobre el rol de la teología en la vida cristiana lo encontramos en la tercera estrofa de *El elixir*:[23]

> *Un hombre que se mira en el cristal,*
> *Puede allí su mirada reposar;*
> *O si lo desea, lo traspasa,*
> *Y así puede el cielo espiar.*

Aquí, Herbert contrasta dos formas bastante diferentes de interactuar con un cristal: "mirarlo" y "traspasarlo". Vemos un claro paralelismo con el poema *Windows*, mencionado anteriormente, que explora cómo un predicador humano, aunque es poco más que "cristal frágil y extravagante", puede actuar como una ventana a través de la cual podemos conocer a Dios de forma más completa.[24] El observador puede mirar la ventana, y verla como un objeto interesante de por sí. Pero hay otra forma de mirar, otra forma más profunda: el observador puede usar la ventana como una puerta, como un medio para acceder a una realidad más amplia. Aunque la ventana también se puede convertir en una distracción si el observador centra su atención en el signo, en lugar de centrarse en lo que significa.[25]

La analogía de Herbert apunta a dos posibles formas de hacer teología. La primera es mirar la ventana, permitir que nuestros ojos "se detengan" sobre su estructura física y su apariencia. Asimismo, podemos estudiar teología considerando sus ideas centrales y las relaciones entre ellas; obteniendo una comprensión más profunda de los contextos históricos en los que estas surgieron; o reflexionando sobre el mejor modo de expresarlas o explicarlas.

Sin embargo, está claro que Herbert prefiere el otro acercamiento: usar la teología como medio para vislumbrar una realidad transformada. La teología hace posible un nuevo modo de ver las cosas, abriendo las puertas a un mundo que no se puede conocer, experimentar o hallar solo a través de la sabiduría o la fortaleza humana. La doctrina cristiana nos ofrece una materia que por sí misma ya es digna de estudio; no obstante, su importancia radica en su capacidad de permitirnos traspasar su prisma y, así, ver nuestro mundo de un nuevo modo.

Una vez establecida esa idea, Herbert reafirma el rol crucial de la teología para poder discernir la verdadera naturaleza de las cosas, y el modo de vida y acción que un creyente debe adoptar en el mundo. La teología articula y enmarca la revalorización de la realidad que es posible gracias a Cristo, convirtiendo lo mundano en epifanía, los metales comunes en oro. El evangelio cambia las realidades de la vida, a través de la muerte y la resurrección de Cristo.[26] La teología no es el agente de esa transformación; sin embargo, es el agente de su divulgación.

Todo puede de ti participar;
Nada es demasiado pobre
Como para que su tintura ("para ti")
No pueda limpiarlo y hacerlo brillar.

Herbert nos invita a ver el mundo bajo una luz nueva: un mundo que ha sido alumbrado y limpiado por medio del sufrimiento y la muerte de Cristo. Nada de lo que entra en contacto con Cristo puede ser "pobre"; no puede ser insignificante, humilde, corriente o sin valor. Su visión teológica desvela y describe la inversión de valores y el nuevo orden de la realidad como resultado del evangelio, por la que los primeros son los últimos y los humildes son exaltados.[27]

Un siervo con esa expresión,
El trabajo tedioso convierte en divino:
Quien barre una habitación según tu camino,
Convierte en buena obra esa y aquella acción.

Cristo rocía cada aspecto de las acciones del creyente con gracia, forzándonos a ver tanto el agente como la acción bajo una nueva luz. Así, Herbert relaciona la transformación de la visión con la voluntad, sosteniendo que el evangelio cristiano hace posible y autoriza una forma concreta de contemplar tanto el agente moral como la tarea moral.

Es interesante comparar la compresión de Herbert sobre la transformación evangélica de la realidad con la de C. S. Lewis. La poesía de Herbert está dominada por la idea de que el evangelio ha entrado en contacto con la humanidad. *El elixir* es poco común, porque describe ese contacto con términos físicos y un tanto impersonales, usando las imágenes dominantes de la piedra filosofal, una tintura y el elixir. Todos ellos son agentes de transmutación que deben *aplicarse* al objeto que se desea transformar. Si la tintura no se aplica a la herida, esta no va a sanar. En el resto de *The temple*, Herbert usa imágenes de contacto personal; por ejemplo, la imagen de Cristo tomando al creyente "de la mano".[28] Esta imagen está tomada de los evangelios, que presentan a un Cristo que se aproxima a las personas y las toca, o las toma de la mano (Marcos 1:31, 41; 5:41; 7:32; 8:23; 9:27). El evangelio es una alquimia de gracia, que produce transformación cuando es aplicada, igual que la medicina que el médico aplica sobre una herida.

Lewis también afirma la capacidad transformadora del evangelio. Sin embargo, la principal imagen que Lewis usa es la de la iluminación. Dios es como el sol, cuyos rayos alumbran al mundo, alterando así la percepción humana. No es una crítica a Lewis sugerir que en este punto parece incorregiblemente platónico,[29] pues tiende a ver a Dios como el sol inteligible que da luz a la mente y por tanto inteligibilidad a todo lo que ahora vemos.[30]

El énfasis que Lewis pone sobre la importancia del "ver" como metáfora de la interacción humana con una realidad más amplia podría reflejar la prioridad que muchos autores románticos alemanes le asignan a este modo de percepción:[31] su interés por el concepto romántico *sehnsucht* es evidente en muchos de sus escritos. Un ejemplo particularmente chocante de este tipo de simbolismo lo encontramos en uno de los primeros sonetos de Lewis titulado *Noon's Intensity* [Intensidad del mediodía]. En él, presenta a Dios como un sol cuyos "rayos alquímicos lo convierten todo en oro".[32] El soneto parece dejar abierta la cuestión de si esa iluminación transmuta la naturaleza misma o solo la percepción humana de la naturaleza, pero es posible argumentar que Lewis está pensando en la metamorfosis divina de la visión humana.[33] Vemos aquí cierta distancia entre su acercamiento y el de Herbert, para quien la transformación de la realidad y de la percepción humana están interrelacionadas, pues ambas dependen del evangelio como "tintura" que sana y transforma.

Podríamos decir mucho más sobre el uso de la revalorización en *El Elixir*, en particular la forma en la que reelabora el poema para que la alquimia sea fundamental en el desarrollo de sus argumentos y simbolismo. La cuestión es que Herbert nos presenta la teología como unas lentes o ventana, por la cual miramos para discernir lo trascendente en lo cotidiano, el cielo en lo corriente. No hay muchos puntos de partida mejores que este para apreciar el rol de la teología en la vida cristiana.

4

La cruz, el sufrimiento y la perplejidad teológica:
reflexiones sobre Martín Lutero y C. S. Lewis

¿Cómo podemos conocer el sentido de todo? Esta es una de las preguntas más antiguas y básicas de la humanidad. De forma natural intentamos descubrir patrones en la rica estructura de la naturaleza para que estos nos expliquen lo que ocurre a nuestro alrededor, para que nos muestren un orden más profundo de las cosas que nos ayudará a entender nuestras vidas. Esa inquietud es más que una búsqueda de la verdad; en sí, es una búsqueda de sentido y significado.[1]

Muchos descubren que la fe cristiana tiene sentido. Yo empecé a seguir a Cristo a los 18 años cuando estudiaba Química en la Universidad de Oxford (la historia de cómo abracé la fe la cuento en el capítulo 7). Mi conversión se debe, entre otras razones, a que me di cuenta de que el cristianismo ofrecía una explicación de la realidad más completa, coherente y convincente que el ateísmo que había abrazado durante la adolescencia. Me pareció que era doblemente racional: el cristianismo tenía sentido en sí mismo, y también daba sentido a todo lo demás. Aunque era consciente de los inevitables límites de los argumentos basados en la historia, la experiencia y la razón, llegué a verlos como indicadores que convergían para apuntar a Dios. No podían "probar" la existencia de Dios con toda la seguridad que algunos querrían, pero si el Dios de la fe cristiana poseía la profundidad, el poder y la gloria que el Nuevo Testamento sugería, no había duda alguna de que tenía en sí la capacidad de explicar los misterios de la vida.

C. S. Lewis fue una de las figuras que más me ayudó a reflexionar sobre la racionalidad de la fe cristiana. Aunque en el mundo académico aún está de moda cuestionar que Lewis fuera un pensador teológico, debo confesar que lo que yo descubrí, y continúo viendo en sus escritos, me lleva a no estar de acuerdo en absoluto con los que así piensan.

En esa primera parte de mi peregrinaje descubrí el nuevo paisaje intelectual que la fe cristiana hacía posible. Lewis afirmaba la capacidad intelectual de la fe cristiana, argumentando por un lado que tenía fundamento, y por otro, que enriquecía y capacitaba a la persona que la abrazaba. Sus escritos ilustran las implicaciones intelectuales e imaginativas de la transformación de la humanidad a través de la fe, abarcando tanto el alma y el corazón como la mente humana.

Lewis me ayudó a darme cuenta de que abrazar la fe cristiana no era un suicidio intelectual. El evangelio no demanda la degradación o el destierro de la mente humana; en cambio, expone que la fe alumbra y aviva la razón humana para que esta pueda trascender sus limitaciones naturales. Existen evidencias de que Lewis llegó a cansarse de su ministerio apologético porque le desgastaba y afectaba a su propia fe.[2] No obstante, sus escritos me animaron (¡a mí y a muchos otros!) a tomarme ese "discipulado de la mente" muy en serio.

En vistas de que estudiar teología cristiana en profundidad iba a ser una parte esencial de mi peregrinaje de fe, en 1978 pasé de la Universidad de Oxford a la Universidad de Cambridge para centrarme en los escritos teológicos de principios del siglo XVI. Estudié con todo detalle al reformador alemán Martín Lutero (1483-1564). Aunque mi investigación teológica se centró en el desarrollo por parte de Lutero de la doctrina de la justificación por la fe, teniendo en cuenta especialmente el contexto histórico de dicho desarrollo, devoré sus primeros escritos, independientemente de si trataban ese tema o no. En la primavera de 1979 me topé con la "teología de la cruz" de Lutero, que desarrolló durante el periodo comprendido entre 1517 y 1521.[3] Para mí estaba claro que el surgimiento de esta teología estaba relacionado con la elaboración de su famosa teología de la justificación.

Pero las ideas centrales de la teología de la cruz me dejaron profundamente confundido. En particular, recuerdo la confusión que me causó una de las afirmaciones más osadas de Lutero: "Lo que hace al teólogo no es comprender, leer o especular. Lo que hace al teólogo es vivir, incluso morir y ser condenado".[4] Para mí, esto no tenía ningún sentido. ¿Qué era la teología si no leer libros y tratar de entender las cosas? Lutero parecía apuntar a una trayectoria teológica que guardaba muy poca relación con lo que yo conocía y valoraba.

Seguí leyendo, y encontré otras afirmaciones concisas que enfatizaban la centralidad de la cruz de Cristo dentro de la fe. "La cruz, y solo la cruz, es nuestra teología".[5] "La cruz lo pone todo a prueba".[6] Claro que podía encontrarle cierto sentido. Como muchos jóvenes teólogos, había dedicado mucho tiempo a reflexionar sobre las "teorías de la expiación", y tenía una idea bastante desarrollada en cuanto a cómo debíamos entender el significado de la cruz.

Sin embargo las palabras de Lutero parecían ir mucho más lejos que cualquier teoría sobre la forma en la que se había realizado la salvación del mundo. Sugerían que la cruz de Cristo era la llave para la experiencia cristiana: para nuestro conocimiento de Dios, y el funcionamiento de la vida cristiana. Una "teología de la cruz" consistía en ver la cruz de Cristo como las lentes con las que debíamos ver la realidad.

Me vi bombardeado por ideas que cuestionaban tanto mi comprensión de la fe como el rol que la teología tenía para articular dicha fe: no podemos comprender a Dios totalmente; no caminamos en la luz, sino en la oscuridad; nuestra comprensión de la realidad solo es parcial y profundamente ambivalente; somos asaltados por la tentación, la duda y la desesperanza. Por encima de todo, Lutero enfatizaba que la cruz nos ofrece la posición más segura desde la que mirar y lidiar con las ambigüedades profundas que encontramos en el mundo natural, en la cultura humana y en nuestra propia experiencia personal. "Aquel que percibe las partes traseras visibles de Dios que se ven en el sufrimiento y la cruz, merece ser llamado teólogo".[7] La imagen principal que Lutero usa es la de Moisés cuando Dios no le deja ver su gloria de forma directa y se tiene que conformar con una visión indirecta de la espalda de Dios (Éxodo 22:18-23). Si Lutero tenía razón, deberíamos modificar significativamente todas aquellas definiciones de la teología que dicen que esta nos ofrece ideas claras y precisas. Si C. S. Lewis hablaba de la luz del evangelio que alumbra la realidad, comparando a Dios con un sol intelectual, Lutero hablaba de la "oscuridad de la fe".

Me hubiera gustado decir que salí de aquel encuentro con Lutero inspirado por su teología de la cruz, y que él abrió un nuevo capítulo en mi propio desarrollo teológico. Pero el amor a la rigurosidad histórica no me permite hacerlo. Aunque llegué a entender bien el proceso que había llevado a Lutero a defender aquellas ideas, seguía sin comprender por qué eran tan importantes. La verdad es que, sencillamente, no estaba preparado para unas ideas como aquellas.

¿Por qué no? Cuando pienso en mí en aquel entonces, puedo identificar principalmente dos razones. En primer lugar, porque mi visión de la fe cristiana era cerebral y académica. Había llegado a comprender la resiliencia racional del cristianismo, pero no había sabido ver su profundidad a nivel relacional y existencial.

En segundo lugar, aún estaba profundamente influenciado por la idea que se remonta a Descartes y que tuvo un papel destacado en la Ilustración del siglo XVIII: podemos expresar nuestra experiencia de la realidad con un lenguaje "claro y preciso".[8] La realidad no era borrosa o ambigua; cualquier visión de la realidad podía, pues, ofrecer una explicación "clara y precisa" de las cosas. Era una visión que no dejaba mucho lugar a la complejidad, la ambivalencia o la duda. Para mí, estas últimas eran síntomas de un pensamiento desordenado, inexacto y confuso.

En aquel entonces, yo pensaba que el objetivo de la teología era la precisión conceptual; una precisión que yo creía haber encontrado (aunque de formas distintas) tanto en la *Dogmática eclesial* de Karl Barth como en la *Suma teológica* de Tomás de Aquino. En Lutero no la había encontrado. Y se lo reprochaba. Así que lo abandoné para leer a autores luteranos posteriores que habían dedicado tiempo a sintetizar sus ideas, allanar sus baches conceptuales y dar a sus escritos, con frecuencia impulsivos, cierto orden metodológico.

* * *

Ese acercamiento inicial a la teología se vio puesto a prueba durante los años 1980-1983, cuando serví como pastor en la iglesia de St Leonard en Wollaton, a las afueras de Nottingham. Lo mejor para demostrar la futilidad de un acercamiento a la teología puramente académico es el ministerio pastoral. El contacto con la congregación me hizo ver a la fuerza lo poco profunda que era mi comprensión teológica por aquel entonces: era intelectual, árida y alejada de las duras realidades de la experiencia humana, poco útil para hacer frente a la confusión proveniente de la duda y a la fealdad del pecado. ¿Dónde, me preguntaba yo, podría encontrar una teología que respondiera a las grandes preguntas sobre la vida, la muerte, la duda y la desesperanza que me estaba encontrando? ¿Qué podía decir cuando veía la influencia corruptora del poder y los efectos destructivos de la búsqueda humana de estatus e influencia? ¿Qué palabras tenía para alguien dañado por el impacto de una baja autoestima? ¿Cómo me enfrentaba a las limitaciones de la naturaleza humana para comprender y superar las situaciones adversas?

Empecé a darme cuenta de que la "teología de la cruz" de Lutero nos ayuda a colocar el sufrimiento dentro de un cuadro más amplio. Para Lutero, la cuestión principal no es cómo podemos explicar el sufrimiento —que está ahí, nos guste o no—, sino cómo podemos sobrellevarlo,[9] y cómo puede usarlo Dios para hacernos más fuertes y mejores personas.[10]

Vemos un acercamiento similar en los escritos de Simone Weil (1909-1943). Weil, que en su corta vida descubrió el cristianismo relativamente tarde, era muy consciente del impacto vejatorio del mal. Dudaba de si sería posible llegar a explicar de forma racional su presencia, o encontrar un medio para evitarlo. "La extraordinaria grandeza del cristianismo radica en que no busca un remedio sobrenatural para el sufrimiento, sino darle un uso sobrenatural".[11] La sabiduría divina se conoce a través de la miseria humana (*malheur*) y no a través del placer. Ciertamente, "toda búsqueda de placer es la búsqueda de un paraíso artificial",[12] que lo único que hace es revelar "la experiencia que es en vano". Solo la contemplación de nuestras "limitaciones y nuestras miserias" nos eleva a un plano más sublime.

Lutero apunta a las tensiones que aparecen cuando la razón nos lleva en una dirección, y nuestras emociones en otra. Nuestra fe sale maltrecha porque no tiene un fundamento firme, no tiene un punto de unión con esa realidad más profunda que nos ayuda a capear las tormentas de la vida. Para Lutero, la cruz de Cristo es una realidad integradora y estabilizante, la roca sobre la que podemos levantar nuestra fe. La cruz es una muestra definitiva de la desesperanza que experimentamos cuando la razón y las emociones tiran en direcciones opuestas; cuando *creemos* que Dios está presente, pero no *experimentamos* que esté presente. Al ver la cruz como paradigma de la "oscuridad de la fe", podemos sobrellevar las ambigüedades y las contradicciones de nuestra experiencia del mundo, que aunque nos muestra a Dios a menudo amenaza con apartarnos de él.

La teología de la cruz de Lutero supone un desafío para las explicaciones teológicas de la realidad que sostienen que podemos ver más allá y más claramente de lo que nos permite la situación en la que nos encontramos.[13] Esto recuerda a un tema recurrente en muchos escritos posmodernos: que no podemos esperar alcanzar la "totalización", es decir, obtener una comprensión completa de las complejas estructuras de la realidad.[14] *Cualquier* teoría, ya sea religiosa, científica o secular, tiene una capacidad limitada para representar la totalidad de las cosas[15] y, por tanto, siempre habrá cierta tensión entre ella y lo que experimentamos del mundo. Así son las cosas. Los problemas empiezan cuando pensamos que debería ser de otro modo, y entonces rechazamos la cosmovisión porque no se acomoda a la totalidad de nuestra experiencia. Debemos contentarnos con la mejor opción, no con la opción perfecta.

Por eso Lutero insiste en que constantemente volvamos a los pies de la cruz, la fuente de la verdadera teología. En la brutalidad física, la fealdad estética, la confusión conceptual y espiritual que supone la crucifixión de Cristo, encontramos una confirmación reiterada de la presencia y la acción oculta de Dios en este mundo desconcertante, inquietante y a menudo abrumador.[16] Del mismo modo en que Dios habló a Job desde el torbellino, según Lutero Dios nos habla desde la cruz para proclamar su presencia. Él está totalmente presente en esa escena de desesperanza y de impotencia, incluso si nos resulta difícil explicarlo por medio de las categorías bien delineadas de nuestra teología.

La teología de la cruz de Lutero reconoce la oscuridad que rodea a la fe. Nos invita a visualizar al creyente cristiano contemplando un paisaje nublado, oscuro, en el que apenas se ve. Sin embargo, en medio de este mundo oscuro y tenebroso, hay cosas a las que nos podemos agarrar: sobre todo, la credibilidad del Cristo que tomó sobre sí el sufrimiento, el abandono y la muerte. Podemos confiar en él, y confiarle nuestras vidas. La cruz, como el Monte Sinaí, puede estar rodeada de nubes y oscuridad. Sin embargo, Dios sigue estando presente en medio de esa oscuridad, trascendiendo tanto nuestra capacidad de discernir su presencia como nuestra disposición a confiar en él. Lo que Lutero quiere transmitir es que no caminamos solos, sino en la presencia de aquel que ha sido crucificado por nosotros, y que nunca nos abandonará, ya que él ya ha pasado por el valle de sombra de muerte.

La "Palabra de la Cruz", según Lutero, no destruye ni ahuyenta totalmente esta oscuridad espiritual, pero sí pone al descubierto lo que esa oscuridad realmente es y alumbra lo suficiente para que podamos ver el camino conforme vamos avanzando. Lutero a veces ve a Cristo como una vela que proyecta un círculo de luz temblorosa, que nos permite ver dónde estamos y el camino que queda delante de nuestros ojos. Pero solo vemos hasta donde alumbra esa luz. El resto, es oscuridad e incertidumbre. Sin embargo, no podemos hacer que la vela alumbre más fuerte. Debemos confiar en aquel que la sostiene y que nos guía en medio de la penumbra. "Esta luz resplandece en las tinieblas, y las tinieblas no han podido extinguirla" (Juan 1:5).

Cuando en el verano de 1983 dejé Wollaton para regresar a Oxford, por fin había entendido por qué la teología de la cruz de Lutero era tan importante. Había podido ver la debilidad y la vulnerabilidad de cualquier teología que no combinaba la razón con los sentimientos. Pasar tiempo en la víspera de un funeral con las personas que habían perdido a su ser querido me llevó a darme cuenta de la poca profundidad emocional y relacional de algunas ideas teológicas, por bien argumentadas que estas estuvieran.

Seguí leyendo a Lewis, y fue una fuente continua de inspiración y de iluminación en muchas áreas. Pero seguía habiendo tierras de penumbra, áreas de su pensamiento que ahora me dejaban insatisfecho. Su libro *El problema del dolor* (1940) era brillante intelectualmente hablando, pero insuficiente para el alma. En cierto sentido, no llevaba a todo aquello que hay detrás del sufrimiento humano, y parecía sugerir que el problema del dolor podía solucionarse con una buena dosis de reflexión racional sobre el problema. Empecé a dudar de su valor pastoral y de su discernimiento espiritual. Estaba bien para usarlo en los grupos de debate de la universidad; pero no servía de mucho para hablar con alguien que acaba de perder a un ser querido.

Pero yo no fui el único en llegar a esa conclusión. En 1961 un tal N. W. Clerk publicó un librito titulado *Una pena en observación*. Esta obra recoge las reflexiones dolorosas y brutalmente honestas de un hombre que ha perdido a su mujer a causa del cáncer, un cáncer que la ha llevado a una muerte lenta y dolorosa. Es una descripción muy gráfica de su propia reacción ante la muerte de su amada, y también incluye algunas reflexiones teológicas sobre la bondad de Dios. ¿Cómo puede tener sentido lo que ha ocurrido, si Dios es bueno y es amor?

Clerk se da cuenta de que su fe intelectual y racional ha sido sacudida de forma violenta. Las ideas que una vez fueron su cimiento, ahora, en medio de la catástrofe, no son suficientes para sostenerle: "Nada puede sacar a un hombre —o por lo menos a un hombre como yo— de su ideología meramente teórica y de sus creencias meramente conceptuales. Solo un gran golpe le hará entrar en razón. Solo la tortura le hará ver la verdad. Solo bajo la tortura podrá descubrirse a sí mismo". La lenta muerte de la esposa de Clerk no le lleva a abandonar la fe; no obstante, sí muestra la precariedad de una fe basada solo en ideas y desconectada de las dificultades de la vida y las reacciones emocionales que estas provocan.

Ahora bien, "N. W. Clerk" era un pseudónimo tras el cual se escondía el mismísimo C. S. Lewis, conocido por celebrar la racionalidad de la fe que ahora no era capaz de sostenerle. En *El problema del dolor*, Lewis había argumentado que la existencia del sufrimiento en el mundo encajaba con la creencia en Dios. Sus eslóganes teológicos presentes en todo el libro, que describían el dolor como "el megáfono de Dios para despertar a un mundo sordo",[17] suenan a discurso manido, simplista y sobre todo *insuficiente* a la hora de enfrentarse al sufrimiento y a la muerte de su mujer Joy. Según sus críticos, el acercamiento de Lewis en *El problema del dolor* reduce el mal y el sufrimiento a ideas abstractas que debemos encajar en el rompecabezas de la fe. Al leer *Una pena en observación* uno ve cómo una fe racional puede desmoronarse cuando el sufrimiento es una realidad personal, en lugar de una leve perturbación teórica. Hasta ese momento, la teología de Lewis solo había interactuado con la superficie de la experiencia humana. Y Lewis, como podemos ver, lo reconoció.[18] "¿Y Dios dónde se ha metido? (...) Pero vete hacia él cuando tu necesidad es desesperada, cuando cualquier otra ayuda te ha resultado vana, ¿y con qué te encuentras? Con una puerta que te cierran en las narices, con un ruido de cerrojos, un cerrojazo de doble vuelta en el interior. Y después de eso, el silencio".

Lewis dejó claro que la muerte de Joy sirvió para eliminar de su fe todo elemento confiadamente racionalista. Dada la descripción tan precisa de la convulsión emocional que uno experimenta cuando pierde a un ser querido, no es de sorprender que este relato sincero y conmovedor sobre el impacto del luto haya tenido tanto éxito entre los lectores. Pero esta obra también es importante por exponer la vulnerabilidad y la fragilidad de una fe racional basada solo en la mente. Aunque no hay duda de que Lewis recuperó la fe después de perder a su mujer, *Una pena en observación* sugiere que aquel acercamiento frío y racional que presentó en *El problema del dolor* había quedado atrás. Por ejemplo, Lewis está convencido de que Dios le ha enseñado a amar a Joy de verdad quitándosela de esa forma tan dolorosa, ayudándole así a ver que, dado que el amor entre ambos había alcanzado su límite terrenal, estaba listo para su cumplimiento celestial.

Los lectores de Lewis, tanto sus críticos como sus amigos, han observado ese giro en su pensamiento y han hablado de su importancia. John Beverslius, en su evaluación sobre los evidentes cambios en *Una pena en observación*, subraya el hecho de que Lewis se había dado cuenta de la inutilidad existencial de sus planteamientos anteriores.[19]

> Una pena en observación *es un libro desgarrador no solo porque trata sobre el sufrimiento, la muerte y una fe que se tambalea, sino porque revela que Lewis redescubrió la fe pagando el alto precio de dejar sin respuesta (y asumir que no tenían respuesta) las mismas preguntas que él siempre había insistido que debían responderse, las mismas preguntas que habían tirado por tierra su fe anterior.*

Muchos piensan que Beverslius exagera; sin embargo, es muy difícil no llegar a esa conclusión si uno hace una lectura justa de *Una pena en observación*, sobre todo si la compara con los pasajes correspondientes en *El problema del dolor*.[20]

La lección que yo aprendí de leer ese libro desconcertante y conmovedor es que la teología que no tiene en cuenta la dura experiencia humana siempre llevará a la duda y la desesperación. El grito desesperado de Lewis me ayudó a apreciar lo que Lutero quería decir. Tal como Lutero dijo, en última instancia es la experiencia la que hace a un verdadero teólogo.[21] La mejor forma de ver la teología de Lutero de la cruz es verla como una teología *crítica*: una teología que exige que reconozcamos las limitaciones de la fe en este mundo. No existe una matriz conceptual, ni religiosa ni secular, que pueda abarcar de forma completa la inmensidad y la complejidad de nuestra experiencia. Ciertamente, la vida es un misterio, algo que no cabe en una jaula teórica restrictiva.

Esto no tiene por qué (ni debe) hacernos abandonar el deleite que Lewis experimentaba ante la capacidad de la fe cristiana de explicar el sentido de las cosas. Lutero nos lleva a corregir a Lewis, no a rechazarlo. Es fácil malinterpretar el énfasis que Lewis ponía en la capacidad de la fe para explicar el mundo, y concluir que, según él, el sol del cristianismo ilumina todos los aspectos del paisaje de tal forma que no queda sombra alguna. Lutero nos recuerda que muchos aspectos de ese paisaje siguen envueltos por la oscuridad, y que muchos son llamados a caminar por esas tierras de penumbra. Lewis estaba en lo cierto: la teología nos da unas lentes con las que podemos interpretar el mundo y explicar su ordenación y sus enigmas. Lutero también estaba en lo cierto: la teología nos permite caminar a través de la oscuridad y la desesperación. Sus lentes a veces nos muestran una imagen que parece desenfocada, pero el hecho de que no podamos ver la imagen con claridad no significa que no haya una imagen que observar.

A pesar de sus diferencias, Lewis y Lutero creían que vivimos en un mundo de sombras y penumbras que un día darán paso al resplandor y la claridad del cielo. Para Lewis, estas "tierras de penumbras" son un reflejo del mundo eterno cuya luz busca introducirse en el nuestro para iluminarlo y perfeccionarlo. Para Lutero, las sombras son las del sufrimiento y la aparente ausencia de Dios en el mundo, que solo podemos poner en perspectiva cuando las miramos a través de la cruz de Cristo. El Cristo que fue crucificado es el que está con nosotros hasta el fin del mundo (Mateo

28:20). Tanto Lewis como Lutero estaban convencidos de la transitoriedad del presente, es decir, que lo que ahora conocemos y experimentamos no es la última palabra. Dios mismo lo dice, asegurándonos así su presencia y su poder: "¡Yo hago nuevas todas las cosas!" (Apocalipsis 21:5).

5

El teatro de la gloria de Dios:
una visión cristiana de la naturaleza

Pocas preguntas han intrigado a la humanidad como la del sentido del universo. Admirar el cielo estrellado en una noche despejada puede hacernos sentir abrumados. Esos puntos de luz silenciosos, ¿son señales de un mundo más lleno de sentido que el que conocemos? ¿O no son más que símbolos de la inmensidad del espacio y de la brevedad y del sinsentido de la existencia humana?

Recientemente, a las preguntas tradicionales como esas se han sumado otras. Una creciente comprensión de la fragilidad de nuestro entorno ha llevado a muchos a reclamar una nueva actitud hacia el mundo natural. Si no tenemos cuidado, podríamos destruir nuestro hábitat y, con el tiempo, a nosotros mismos: la humanidad podría ser la primera especie en provocar su propia extinción.

Por tanto, la forma en la que vemos el ámbito de la naturaleza es sumamente importante. La perspectiva cristiana de la naturaleza se enfrenta a los desafíos presentados por las perspectivas rivales. Por un lado, en las últimas décadas ha habido un resurgimiento del paganismo en Occidente.[1] Con sus nuevas formas, el paganismo representa un amplio abanico de creencias y prácticas: algunas formas son reapropiaciones de ideas precristianas (como el druidismo), otras se entienden mejor como construcciones modernas, que reflejan un creciente interés cultural por la naturaleza y la espiritualidad.[2] Sin embargo, detrás de la mayoría de ellas, si no de todas ellas, hay una visión de la naturaleza como una entidad sagrada, capaz de revelar su sabiduría secreta a aquellos que logran discernir sus niveles de significado más profundos.

Al otro lado del espectro, otro abanico de cosmovisiones niega que la naturaleza tenga una dimensión espiritual o trascendente. En su famoso discurso de 1917, el sociólogo alemán Max Weber habló del "desencanto del mundo".[3] La naturaleza no era misteriosa, sagrada o "especial"; era algo que la ciencia y la tecnología podían explicar y controlar. Más recientemente, el nuevo ateísmo ha afirmado enérgicamente que la naturaleza es una entidad autorreferente, vacía de un sentido más profundo.[4]

En la cultura occidental, no existe un consenso en torno a esta cuestión, ni una interpretación compartida sobre la identidad o estatus del mundo natural. Se nos dice que somos libres de interpretar lo que queramos, y de actuar en base a esas interpretaciones.

Sin embargo, eso no nos impide evaluar los méritos de las aproximaciones neopaganas y del nuevo ateísmo. Los autores posmodernos tales como Stanley Fish han enfatizado el crecimiento de las "comunidades interpretativas", cada una de ellas comprometida con su lectura característica de la realidad, y su justificación.[5] La iglesia puede verse a sí misma como una "comunidad interpretativa" concreta, sustentada por su propia narrativa e identificada por su lenguaje, imágenes y valores. El poder de la comunidad interpretativa cristiana para capturar la imaginación de nuestra cultura descansará, en gran medida, en su representación imaginativa del mundo natural, y en la forma en la que defienda y comunique sus ideas.

¿Puede la fe cristiana ofrecer una explicación del mundo más rica y más profunda que sus rivales paganos o ateos? La importancia de esta pregunta es obvia. Tanto la credibilidad como la utilidad de la fe cristiana pueden ponerse en cuestión si esta no logra ofrecer una mejor explicación de la realidad que sus rivales.

La teología cristiana ofrece un ángulo distinto, una forma de ver las cosas que revela la verdadera identidad de la naturaleza, y demanda ciertas formas de comportarse con ella y dentro de ella. La teología nos permite ver la totalidad de la realidad, el mundo tal y como es o podría ser. Al contrario de lo que la mayoría de pensadores ilustrados creían, la naturaleza no es una entidad autónoma, que se define a sí misma; es algo que siempre interpretamos, ya sea de forma consciente o inconsciente, desde un posicionamiento teórico.[6] El término "naturaleza" no designa una realidad objetiva que necesita ser interpretada: ya es una entidad interpretada. Como una vez dijo el filósofo de la ciencia británico William Whewell (1794-1866), hay "una máscara de teoría cubriendo toda la faz de la naturaleza".[7] Por tanto, el término "naturaleza" denota una variedad de formas en las que los observadores humanos escogen ver, interpretar y habitar el mundo empírico.

Los cristianos ven el mundo natural a través de un prisma teológico. En el siglo XVIII, muchos cristianos escogieron interpretar la naturaleza a través de unas lentes deístas en lugar de trinitarias. Dios era visto como el creador de la naturaleza, cuya involucración en el reino natural cesó después de la creación. Esto provocó el surgimiento de un ateísmo funcional, ya que Dios estaba, a todos los efectos, ausente del mundo.[8] Pero durante el siglo XX, por medio de la influencia de teólogos como Karl Barth y Karl Rahner, hubo un redescubrimiento de la coherencia y el poder explicativo de una visión de Dios específicamente trinitaria. Quizá deberíamos dejar que sea la talentosa teóloga amateur Dorothy L. Sayers la que reflexione, con su estilo tan característico, sobre la importancia de este desarrollo:[9]

> *La afirmación cristiana dice... que la estructura trinitaria que, como puede demostrarse, existe en la mente del hombre y en todas sus obras es, de hecho, la estructura integral del universo, y se corresponde, no*

por simbolismo pictórico sino por una uniformidad de sustancia necesaria, con la naturaleza de Dios.

Entonces, ¿cómo determina esto la forma en la que vemos la naturaleza? Quizá la implicación más obvia es que el mundo natural es posesión de Dios, creada por él y confiada a la humanidad. La comprensión cristiana del orden creado niega de inmediato cualquier noción de que la humanidad es la causante o la dueña del mundo natural, con derecho para explotarlo para sus propios fines. Dios ha confiado la naturaleza a la humanidad, que debe verse a sí misma como administradora, no como dueña. No es nuestra, como si pudiéramos hacer con ella lo que quisiéramos. Puede que estemos hechos a "imagen de Dios" (Génesis 1:27), pero eso no es una marca de privilegio, sino de responsabilidad.[10] Llevar la imagen de Dios no es estar libres de rendirle cuentas o exentos del escrutinio divino, sino ser responsables de nuestra conducta ante el creador. Esta reflexión no resuelve el problema de cómo enfrentarnos a nuestra crisis ambiental, pero nos ofrece un marco esencial desde el que reflexionar y actuar. La forma en la que vemos las cosas determina qué hacemos con ellas.

No obstante, seguir reflexionando nos lleva a otras conclusiones. Si Dios creó el mundo natural, ¿no lleva este la huella divina?

Una de las implicaciones de la doctrina trinitaria de la creación, ¿no es que el mundo natural muestra en cierto sentido las marcas de su creador? Esta idea aparece en las palabras introductorias del Salmo 19:

Los cielos cuentan la gloria de Dios,
el firmamento proclama la obra de sus manos.

Los israelitas ya sabían de su Dios, y no necesitaban ver al mundo natural como una muestra de su existencia. Sin embargo, veían la gloria de Dios reflejada en la creación. Usando las palabras de Juan Calvino, el mundo natural debe verse como el "teatro de la gloria de Dios". La gloria de Dios quedó impresa en el mundo en el acto de la creación; y a eso hay que añadir los actos poderosos por los que Dios escogió redimir el mundo, que tienen lugar en este mismo teatro de la naturaleza.[11] Como dijo Buenaventura de Bagnoregio (1221-74), las características de la naturaleza pueden verse como "reflejos, ecos y proyecciones" de Dios su creador, que "tenemos ante nosotros para que podamos conocer a Dios".[12]

Aunque esta interacción más satisfactoria y profunda con el reino natural nos permite apreciar su belleza y racionalidad, también plantea una pregunta obvia: ¿qué ocurre con la ambigüedad moral y estética de la naturaleza? ¿No está la naturaleza caracterizada no solo por la belleza y la bondad, sino también por la fealdad, la violencia, la destrucción y el dolor? ¿Qué teoría puede explicar esta variedad moral y estética que encontramos en la naturaleza?

Un aspecto característico de la interpretación trinitaria de la naturaleza es la idea de la "economía de la salvación", tradicionalmente atribuida a Ireneo de Lyon del siglo II.[13] Ireneo usa este marco para establecer una visión panorámica que abarca toda la historia, desde la creación a la consumación. Dios creó el mundo "bueno"; ahora está lejos de su estado original, y hemos de verlo como un mundo caído, pecaminoso o dañado. ¿Cuál es la relevancia de este marco teológico cuando pensamos en cómo interactuar con la naturaleza?

Algo obvio es que la caída de la humanidad ha afectado al mundo natural.[14] Ni el observador ni el observado están exentos del daño causado por el pecado. Si desarrollamos más esta idea, podemos hablar del estado presente de la naturaleza dentro de la "economía de la salvación". La naturaleza sigue siendo creación de Dios, pero ahora es profundamente ambigua, pues refleja tanto su origen divino como su actual aflicción.

Esta tensión es evidente en el Nuevo Testamento. Por ejemplo, en varias ocasiones, Pablo apela a la creación como base para conocer a Dios. No obstante, aunque Pablo claramente sostiene que podemos conocer a Dios a través de la creación (Romanos 1), en otras ocasiones lo matiza al referirse al "gemido" de la creación (Romanos 8).[15] El orden creado está en transición, suspendido entre la creación original y la recreación final.

Interactuar con la naturaleza usando el marco trinitario de la economía de la salvación le permite al intérprete cristiano encajar la ambivalencia moral y estética de la naturaleza. ¿Cómo podemos inferir la existencia de un Dios bueno a partir de esa ambivalencia, o cómo podemos conciliar la una con la otra? Al final, realmente solo tenemos dos opciones: ignorar los aspectos de la naturaleza que incomodan a nuestros sentidos moral y estético, o desarrollar un marco teológico que nos permita afirmar la bondad original de la naturaleza a la vez que explicar el mal que hay en ella. La primera aproximación, además de no sostenerse intelectualmente, causa un malestar psicológico considerable, dando lugar a una "disonancia cognitiva" potencialmente destructiva entre la teoría y la observación. Por tanto, solo nos queda una ruta viable de tratar esta cuestión: desarrollar un marco que nos permita observar, honrar e interpretar esa ambigüedad moral.

Ese marco nos lo ofrece la visión de Dios de la fe cristiana. Esta afirma que cuando Dios creó todas las cosas, las creó buenas, y que un día todo será restaurado, y será bueno de nuevo. No obstante, el bien y el mal coexisten en el mundo, donde el trigo y las malas hierbas crecen juntos en el mismo campo (Mateo 13:24-30). Este marco trinitario nos permite ubicar el bien y el mal, la fealdad y la belleza, en la trayectoria teológica de la creación, caída, encarnación, redención y consumación.

Para ahondar un poco más en esta idea, consideraremos un pasaje del último volumen de *Modern Painters* (1860) de John Ruskin, en el que reflexiona sobre un paisaje de las Tierras Altas de Escocia.[16] Ruskin, una de las figuras culturales más influyentes de la era victoriana, insiste en que Dios nos ha dado "dos lados" de la naturaleza, y quiere que veamos ambos.

Para ilustrarlo, Ruskin habla de un "ferviente" clérigo escocés que había resuelto ver el paisaje como un puro y sencillo testimonio de la "bondad de Dios". Dice que la naturaleza es "solo luz, brisas frescas, tiernos corderos, tartanes limpios y todo tipo de elementos placenteros".

Pero Ruskin lo tacha de inepto. El clérigo fervoroso ha escogido ver lo que quiere ver, no lo que realmente hay. Para Ruskin, "ver con claridad" es la base de la poesía, la profecía y la religión.[17] ¿Cómo puede la naturaleza estar iluminada por el sol sin que haya penumbras? Ruskin ofrece otra visión del paisaje de las Tierras Altas, enfatizando su ambivalencia moral y estética:

Es un pequeño valle de pasto mullido, un óvalo angosto cercado por rocas protuberantes y una vasta extensión de matorrales de un helecho que asiente. De una punta a la otra, avanza serpenteante un claro arroyo marrón, formando ondas cada vez más rápidas a medida que se acerca al final del terreno ovalado, y luego, rodeando una roca blanca y morada con un remanso ámbar, se dirige veloz hacia una estrecha cascada de espuma bajo un follaje de fresnos y alisos. El sol de otoño, bajo pero claro, ilumina las bayas escarlata de los fresnos y las hojas doradas de los abedules, que, caídas aquí y allá, cuando la brisa no las desplaza, descansan tranquilas en las grietas de la roca morada.

Hasta este punto, Ruskin se hace eco de los sentimientos unilaterales del clérigo escocés. Pero insiste en que las sombras también hay que mostrarlas. Por eso altera su tono y describe los aspectos menos atractivos de esa escena. La muerte y el deterioro también están presentes en ese paraíso.

> *Junto a la roca, en el hueco bajo el follaje, la carcasa de una oveja que la última riada ha traído hasta ahí descansa abierta, dejando ver las costillas a través de la piel desgarrada por los cuervos; y los jirones de su lana aún cuelgan de las ramas que la trajeron arroyo abajo (...). Cuando el riachuelo gira, veo un hombre pescando, con un muchacho y un perro; un grupo hermoso y pintoresco, si no fuera porque llevan allí todo el día, muertos de hambre. Los conozco, y también conozco las costillas del perro, que son casi tan visibles como las de la oveja muerta; y los hombros demacrados del niño son tan huesudos que atraviesan su vieja chaqueta de tartán.*

De este modo, Ruskin apunta a una parte sombría de la naturaleza que ni siquiera la imaginación del más ferviente romántico puede negar o edulcorar. Esta es la "naturaleza" real que la teología cristiana debe abordar: una realidad empírica dura, no una ficción idealizada y saneada.

Una perspectiva trinitaria nos permite ver el mundo natural como algo deteriorado y ambivalente, como algo que es moral y estéticamente confuso, cuya bondad y belleza a menudo están atenuadas y escondidas, pero que sin embargo están irradiadas por la esperanza de la transformación. La teología cristiana es el elixir, la piedra filosofal que convierte lo mundano en epifánico, el mundo natural en la creación de Dios. Como una lente que nos permite ver los detalles de un vasto paisaje, o un mapa que nos ayuda a detectar las características del terreno a nuestro alrededor, la doctrina cristiana ofrece una nueva forma de entender, imaginar y actuar. Nos invita a ver el orden natural, y a nosotros dentro de él, de un modo especial: de un modo al que el mundo natural puede apuntar, pero que no puede confirmar. Por encima de todo, nos permite evitar el error fatal que tan a menudo es la base o la consecuencia de una teología natural: que la revelación divina se reduce básicamente al conocimiento supremo de un orden ya presente en la creación.

Esto nos lleva a considerar otra pregunta que surge de la interacción de la fe cristiana con la naturaleza. ¿La naturaleza prueba la existencia de Dios? La famosa obra de William Paley *Teología natural* (1802) buscó demostrar la existencia de Dios a partir de las evidencias de un diseño en el mundo natural. (Hablaré de la obra de Paley con más detenimiento en el capítulo 8). Más recientemente, escritores como el filósofo William Lane Craig han argumentado que la existencia de un Dios creador puede deducirse a partir de reflexionar sobre el mundo natural.[18] Otra aproximación es apelar a la idea de "adecuación empírica". ¿El mapa mental de la fe cristiana se adecúa o encaja con lo que observamos en el mundo?

Encontramos esta aproximación en los escritos de William Whewell, mencionado anteriormente, que creía que la mejor demostración de la existencia de Dios estaba en "mostrar lo bien que cada avance en nuestro conocimiento del universo cuadra con la creencia de un *Dios bueno y sabio*".[19] El argumento que Whewell presenta es que la observación de la realidad cuadra con la visión cristiana de Dios, *en cuya verdad creemos por otros motivos*. Dicho de otro modo, la naturaleza no "prueba" la existencia de Dios; sin embargo, la existencia de Dios es la mejor explicación de aquello que observamos.

Un defensor más reciente de esta aproximación es el físico convertido en teólogo John Polkinghorne, que habla de la "consonancia" entre nuestras observaciones del mundo y la tradición cristiana.[20] Polkinghorne sugiere que la capacidad de las matemáticas para imitar las estructuras profundas de la realidad es altamente significativa: "Hay congruencia entre nuestras mentes y el universo, entre la racionalidad experimentada en nuestro interior y la racionalidad observada en el exterior".[21] Para Polkinghorne, esto se puede explicar por la correspondencia creada que hay entre la mente humana y el orden natural. Yo he desarrollado un pensamiento similar, basándome en la "resonancia" existente entre la visión cristiana de las cosas y lo que podemos observar.[22]

Esta aproximación no asume que la observación de la naturaleza puede *probar* la existencia de Dios a través de inferencias precisas. Lo que sí afirma es que la visión cristiana de la naturaleza ofrece un grado altamente satisfactorio de consonancia con la realidad observable. La teología cristiana ofrece, desde su punto de vista particular, un mapa de la realidad que, aunque no es exhaustivo, se corresponde con las características observables de la naturaleza. El mapa se corresponde con el paisaje, y la teoría, con la observación. La teología cristiana hace posible una forma de ver las cosas que es capaz de acomodar la totalidad de la experiencia humana y volverla inteligible a través de sus esquemas conceptuales. La teología cristiana nos ofrece un mapa mental, un esquema, que es capaz de explicar mucho de lo que observamos en la naturaleza.

Mientras que algunos argumentan que la existencia y al menos algunas de las características de Dios pueden deducirse del mundo natural, Polkinghorne y yo defendemos una aproximación más realista y modesta, basada en la idea de resonancia o "adecuación empírica" entre la cosmovisión cristiana y la realidad observable. La fe cristiana, fundamentada en la revelación divina, ilumina e interpreta el mundo natural; el "Libro de la Escritura" nos permite hacer una lectura más aproximada y más fructífera del "Libro de la Naturaleza". La capacidad de la visión cristiana de la realidad para iluminar y explicar lo que observamos, aunque tiene su importancia, también puede verse como una confirmación de su credibilidad como teoría. Esto no "prueba" la existencia de Dios; sin embargo, sí apunta a la habilidad del cristianismo para dibujar un mapa de nuestro universo.

Aún hay otro aspecto de la interacción del cristianismo con la naturaleza, que sirve como conclusión perfecta de este capítulo. El cristianismo ve la naturaleza como un horizonte que restringe lo que el ojo humano puede ver a simple vista, pero que sin embargo posee una capacidad creada, cuando la interpretamos bien, de apuntar más allá de sí misma hacia lo divino. La filósofa y novelista Iris Murdoch (1919-1999) usó el término "imaginación" para referirse a la capacidad de ver más allá de lo empírico y discernir así verdades más profundas sobre el mundo. Según Murdoch, esa capacidad contrasta con el pensamiento "estricto" o "científico", que se centra en lo que sí podemos observar. Interactuar de forma imaginativa con el mundo es construir sobre la lectura superficial de las cosas, es hacer "un tipo de reflexión sobre las personas, los sucesos, etc., que añade detalles, agrega colores, hace aparecer posibilidades de un modo que va más allá de los meros hechos".[23]

Lo que Murdoch quiere decir es que la imaginación complementa lo que la razón observa, revelando una visión más rica de la realidad. Puede que algunos de los puntos de su argumentación sean flojos; pero los resultados de esa argumentación son importantes. Si nos limitamos a la explicación empírica de la naturaleza no logramos averiguar su sentido, su valor o su agente (¡ni el nuestro!), las grandes preguntas que cualquier "teoría de la vida" debe contestar.[24] Sin embargo, la fe cristiana también es capaz de ofrecer una aproximación a la naturaleza basada en su realidad empírica, pero que trasciende lo empírico.[25] Nos ofrece unas gafas teóricas que nos permiten ver las cosas de tal modo que somos capaces de elevarnos por encima de los límites de lo observable, y adentrarnos en una esfera más fértil en la que podemos discernir el sentido y el valor. Al hacer eso, no cae en la fantasía, sino que hace afirmaciones justificadas que están fundamentadas en su rica y profunda visión trinitaria de Dios. Así, el mundo natural se convierte en la creación de Dios, que lleva la huella sutil de su hacedor. No solo vemos la realidad observable del mundo, sino su valor profundo y su sentido verdadero. Debemos enfatizar que ni el valor ni el sentido son nociones empíricas, cosas que podemos ver. Son cosas que se tienen que discernir, para luego superponerlas a la lectura empírica del mundo.

Este tema aparece en un breve poema del romántico alemán Joseph von Eichendorff (1788-1857):[26]

> *Todas las cosas encierran una canción dormida,*
> *Que anhela fuertemente sonar y ser oída.*
> *Y el mundo, jubiloso, empezará a cantar*
> *Si la palabra mágica puedes encontrar.*

Lo que Eichendorff quiere decir es que el sentido del mundo natural está velado para nosotros, y tenemos que encontrar la llave que abrirá la puerta de sus secretos: muchos interpretan que "palabra mágica" (*Zauberwort*) hace referencia a que la visión poética es la que nos permite tener una experiencia auténtica de la naturaleza, en contraposición con el análisis científico. La fe cristiana nos ofrece esa llave. La naturaleza es un "secreto abierto", pero es necesaria una interpretación especial para descubrir su verdadero significado.

Si la iglesia cristiana no ofrece una visión del mundo natural que trascienda las visiones que el mercado actual de las ideas nos ofrece, no logrará mantener el interés de la cultura contemporánea. Tristemente, vivimos en una era en la que muchos ven la naturaleza solo a través del análisis científico frío y abstracto. Pero los historiadores saben que la visión cristiana de la creación tuvo un papel clave en el nacimiento de la ciencia moderna al enfatizar las estructuras ordenadas y racionales del mundo natural. La fe cristiana también nos permite ver más allá, apreciar que la naturaleza está llena de señales, bañada en recordatorios y adornada con símbolos de Dios, nuestro creador y redentor.

6

El tapiz de la fe:
teología y apologética

Una de las responsabilidades profesionales más satisfactoria y placentera que tengo es enseñar un curso sobre los grandes cambios que ha habido desde la Segunda Guerra Mundial en la reflexión sobre eclesiología (la doctrina de la iglesia). Para las eclesiologías tradicionales, normalmente la identidad y función de la iglesia tenían que ver principalmente con la enseñanza, la adoración, el cuidado pastoral y el compromiso social. Esta idea bastante estática de la iglesia como "capellán" de una nación, comunidad o grupo de interés específico gradualmente fue sustituida por comprensiones que enfatizaban la importancia de llegar a la sociedad, y argumentaban que ese es un elemento integral de la identidad de la iglesia.[1]

Probablemente sea significativo que quienes enfatizaron este aspecto fueron sobre todo teólogos como Stephen Neill

(1900-1984) y Lesslie Newbigin (1909-1998), que sirvieron como obispos en India. En medio de los retos que una cultura no cristiana supone para la vida cristiana, Neill y Newbigin vieron claro que la iglesia debía recuperar la visión de su papel en la misión de Dios en el mundo.[2]

En un Occidente cada vez más secular, esa idea puede resultarnos obvia. Sin embargo, el predominio en Occidente de modelos de la iglesia como "capellán" hasta hace relativamente poco ha empobrecido nuestra comprensión del impacto fundamental de la misión sobre la teología, y de la teología sobre la misión cristiana. El teólogo luterano alemán Martin Kähler (1835-1912) es recordado hoy por su obra *El llamado Jesús histórico y el Cristo histórico de la Biblia*. No obstante, muchos argumentan que su mejor obra es un ensayo publicado en 1908 donde se pregunta si la misión es un aspecto indispensable del cristianismo. Kähler argumentaba que, en la iglesia primitiva, la misión fue la "madre de la teología".[3] Los primeros teólogos "escribieron en el contexto de una 'situación de emergencia' de una iglesia que, debido a su encuentro misionero con el mundo, se vio forzada a hacer teología".[4] En lugar de ser algo que la iglesia emprendió desde una posición relajada y de poder, la teología fue una parte integral de la iglesia en su tarea de expandirse a situaciones culturales nuevas.

Apologética y evangelización

Hoy, la divulgación de la iglesia en Occidente podría catalogarse bajo dos encabezados: apologética (que tratamos brevemente en el capítulo 2) y evangelización. Brevemente, la apologética puede verse como un intento de demostrar que la fe cristiana es capaz de ofrecer respuestas con sentido a las "grandes preguntas", como "¿Dónde está Dios en un mundo que sufre?" o "¿La fe en Dios es razonable?". Por otro lado, la evangelización va más allá de esta preocupación por quitar los obstáculos que impiden que la gente crea en Cristo, e invita a las personas a responder al evangelio. La apologética busca el asentimiento; la evangelización busca el compromiso. La conocida definición de evangelización que David Bosch hace apunta en esa dirección:[5]

> *La evangelización es la proclamación de la salvación en Cristo a aquellos que no creen en él, llamándoles al arrepentimiento y a la conversión, anunciando el perdón de pecados, e invitándoles a ser miembros vivos de la comunidad de Cristo en la tierra y a vivir vidas de servicio a los demás con el poder del Espíritu Santo.*

Aunque la línea divisoria entre la apologética y la evangelización es borrosa, es útil hacer cierta distinción. La apologética es conversacional; la evangelización es invitacional.[6]

Teología y apologética

¿Qué lugar tiene la teología en la apologética? Quiero sugerir que la teología tiene dos contribuciones significativas que hacer a la apologética cristiana responsable. Primero, demanda que situemos la apologética en su contexto adecuado; segundo, nos permite apreciar la riqueza del evangelio e identificar cuál es el mejor "punto de contacto" entre el evangelio y un público dado; es decir, formar una visión apologética. Consideraremos estos dos puntos por separado.

1. Poniendo la apologética en contexto

En primer lugar, una adecuada comprensión de la teología cristiana nos ofrece un mapa mental que nos permite situar los recursos y la tarea de la apologética. A menudo se presenta la apologética simplemente como una técnica para ganar los debates. Avery Dulles es uno de los muchos autores influyentes que han expresado su preocupación por ese tipo de aproximaciones deficientes, sacando a la luz su "falta de gracia, de oración y del poder vivificante de la Palabra de Dios".[7] Sin embargo, una buena comprensión de la apologética, la que descansa en el fundamento teológico, insiste en que Dios participa en la empresa apologética. Es impensable disociar la gracia de Dios de la tarea de hablar de Dios. Pensar que la apologética solo tiene que ver con argumentos y técnicas humanas es correr el riesgo de cometer cierta forma de pelagianismo,[8] que ignora, incluso puede llegar a negar, la presencia de Dios, su poder y su persuasión en la tarea apologética.

Además, la tarea apologética no puede limitarse a elaborar argumentos. Debemos darnos cuenta de que la apologética también significa darle a la gente la posibilidad de ver algo de la gloria y la belleza de Dios. Son estas, y no los argumentos hábiles, las que convertirán y conservarán a las personas. La verdadera apologética interactúa no solo con la mente, sino también con el corazón y la imaginación, y empobrecemos el evangelio si ignoramos el impacto que tiene sobre todas las facultades que Dios nos ha dado. El gran teólogo puritano del siglo XVIII Jonathan Edwards (1703-1758) sigue siendo uno de los críticos más importantes del acercamiento puramente racionalista. Creía que el argumento racional tiene un lugar importante y valioso en la apologética cristiana, pero que no es el único, ni tan siquiera el principal recurso del apologeta.[9]

> *Puede hacerse amplio uso de argumentos externos. No debemos ignorarlos, sino apreciar su inmenso valor, pues pueden ser muy útiles para despertar a los incrédulos, ayudarles a reconsiderar, y confirmar la fe de los santos... [Sin embargo] no hay convicción espiritual de juicio si no hay una aprehensión de la belleza espiritual y la gloria de las cosas divinas.*

Los argumentos no convierten. Pueden quitar de en medio obstáculos para la conversión, y respaldar la fe de los creyentes, pero no tienen en sí mismos la capacidad de transformar a la humanidad. Para Edwards, la verdadera conversión viene del encuentro con el Dios de la gloria y de la gracia. Esta idea es liberadora, porque confirma que la apologética no tiene que ver con desarrollar técnicas humanas manipuladoras, sino con reconocer y confiar en la gracia y la gloria de Dios. No obstante, también plantea la cuestión de cómo podemos apreciar la maravilla y el gozo del evangelio, cuestión que consideraremos en las próximas líneas.

2. Apreciando la riqueza del evangelio

Esto nos trae a la segunda dimensión teológica de la apologética: la necesidad de apreciar la riqueza del evangelio cristiano, y reflexionar sobre la mejor forma de comunicarlo a un público dado. La tarea del apologeta es conocer tanto el evangelio como a sus oyentes, y ser capaz de identificar el mejor medio para traducir los grandes temas de la fe cristiana a una cultura vernácula concreta. O dicho de otro modo, la buena apologética se basa en dos responsabilidades esenciales:

1. *La reflexión teológica* sobre el evangelio, para asegurarnos de que lo apreciamos en toda su totalidad;

2. *La reflexión cultural* sobre los oyentes, *primeramente* para poder seleccionar aquellos aspectos del evangelio que les llamarán más la atención, y *posteriormente* para considerar de qué forma articular dichos aspectos.

Reflexión teológica sobre el evangelio

La reflexión teológica sobre la proclamación del evangelio afirma su unidad, mientras que también revela su complejidad. Anteriormente consideramos la idea de que la fe cristiana es un tapiz en el que una serie de hilos se entrelazan para producir un todo más rico y más complejo. Apreciar la "vista panorámica" siempre ha sido un tema fundamental de la apologética cristiana, y muchos encuentran las grandes narrativas profundamente atractivas, especialmente porque nos dan la posibilidad de encontrar nuestro lugar dentro de ellas y de dar sentido a las cosas.

Reflexionemos por un momento sobre algunos de los componentes que forman el estampado de nuestro "tapiz". Algunos de los hilos de esta tela de la fe tienen que ver con la comprensión cristiana de la naturaleza humana. Estos hilos son tanto *ontológicos*, pues hablan de la identidad de la naturaleza humana, como *teológicos*, pues también hablan de su meta y propósito últimos. Hemos sido creados para relacionarnos con Dios, y no alcanzamos nuestra verdadera meta hasta que así lo hagamos. Dios "ha puesto eternidad en nuestros corazones" (Eclesiastés 3:11) para que el deseo real de nuestros corazones esté en Dios. Agustín de Hipona lo resume muy bien en esa oración suya tan conocida: "Señor, nos has hecho para ti, y nuestro corazón está inquieto hasta que descansa en ti".[10] Una comprensión teológica de la identidad humana puede llevarnos a descubrir los anhelos secretos y ayudar a la gente a articular de forma consciente sus esperanzas y sus miedos o ponerle nombre al verdadero deseo de su corazón. Agustín, Blaise Pascal y C. S. Lewis creían que la fe cristiana revela la realidad de la naturaleza humana, y eso les permitió identificar acercamientos apologéticos adaptados a las realidades de nuestra situación.[11]

Otro hilo de este tapiz de la fe es la idea de que la cruz y la resurrección de Cristo nos liberan del miedo de la muerte.[12] Cristo ha sido resucitado de los muertos, y los que creen en él un día experimentarán esa resurrección y estarán con él para siempre. Puede que Sócrates nos enseñara cómo morir con dignidad; pero Cristo nos permite morir con esperanza. Este precioso mensaje tocará a la mayoría de personas, de formas distintas, pero es especialmente relevante para aquellos que se despiertan en mitad de la noche asustados ante la idea de la muerte.

O consideremos otro hilo, el gran tema de la cruz: el perdón. Gracias a la muerte de Cristo es posible hallar perdón de verdad para nuestros pecados. Ciertamente, la redención es algo costoso y precioso, algo en lo que debemos meditar cuando pensamos en los privilegios de la fe. Pero este aspecto de la cruz también tocará de una forma más clara y poderosa a un grupo en particular: aquellos que sienten que no pueden seguir viviendo porque la culpa les pesa demasiado. Deben creer que Dios les perdona esos pecados y les libera de la culpa que arrastran.

Un análisis teológico nos lleva a una mayor apreciación de la riqueza y la gloria del evangelio, y por tanto a la identificación de posibilidades apologéticas. Nos inspira y nos equipa para la tarea apologética. Por un lado, despierta nuestras mentes e imaginación, y genera en nosotros un deseo apasionado por compartir las riquezas de nuestra fe; por otro, nos ayuda a ver cuál es la mejor forma de hacerlo. Una vez hemos hecho un análisis teológico del evangelio e identificado cuál de sus muchos aspectos seleccionar, podemos pasar al segundo elemento de la tarea apologética.

Reflexión cultural sobre las distintas formas de proclamar el evangelio

La apologética tiene una audiencia específica. Responde a preocupaciones concretas que provienen de las experiencias de personas de carne y hueso, y usa argumentos, ilustraciones y formas de hablar adecuadas a sus situaciones.[13] Para ilustrar esta idea, podemos considerar algunos de los discursos clásicos de Hechos de los Apóstoles, en los que encontramos una afirmación o defensa del evangelio bien clara y definida, y adaptada a la situación cultural de sus oyentes en esos momentos.

Pedro a los judíos (Hechos 2)

Un ejemplo excelente es el discurso apologético que Pedro da ante un público judío en pentecostés (Hechos 2:14-26).[14] Pedro cita una autoridad de peso para sus oyentes: el Antiguo Testamento. Apelando a pasajes proféticos demuestra que Jesús da cumplimiento a lo que se esperaba de Israel, y lo hace usando lenguaje y terminología que sus oyentes comprendían y aceptarían. Véase en particular la referencia a Jesús como "Señor y Mesías". No ofrece una explicación, pero es que no hacía falta.

Pablo a los griegos (Hechos 17)

El sermón de Pedro en pentecostés es muy diferente al discurso apologético de Pablo en Atenas, el famoso discurso en el areópago. Sus oyentes griegos no conocían el Antiguo Testamento, y, culturalmente hablando, este no tenía ningún tipo de peso. Por eso, Pablo escoge el tema del Dios vivo e inicia su discurso a los atenienses con una introducción gradual, y permite que la curiosidad filosófica y religiosa de los atenienses marque la dirección de su exposición teológica.[15] Pablo usa esa "sensación de divinidad" presente en todas las personas como un recurso apologético. Pablo toma lo que para los griegos era desconocido, posiblemente incognoscible, y proclama que este ha sido revelado a través de la resurrección de Cristo.

Pablo a los romanos (Hechos 24)

Por último, veamos un discurso apologético dirigido a un público romano. Los discursos más importantes de Hechos que hablan del cristianismo ante la mirada de las autoridades romanas se encuentran en los capítulos 24-26. Estudios recientes nos dicen que estos discursos siguen un esquema típico de los procedimientos legales de la época.[16] En Hechos 24:10-21, Pablo refuta a sus acusadores punto por punto siguiendo las "normas de intervención" establecidas por las costumbres jurídicas romanas. Así, Pablo argumenta siguiendo unas líneas que le confieren relevancia cultural y credibilidad intelectual ante sus oyentes. Sabía presentar evidencias ante aquel público de forma eficaz, siguiendo las convenciones jurídicas con las que estaban familiarizados.

Estos antiguos discursos y sermones apologéticos nos hablan de la necesidad de conectar ese mismo evangelio con otro tipo de públicos, que tendrán formas distintas de pensar, creencias y valores culturales distintos, criterios distintos sobre la racionalidad y la presentación de evidencias, y aspiraciones distintas. El reto al que nos enfrentamos es el de conectar el evangelio con estas realidades culturales, y hacerlo de forma fiel y eficaz. ¿Cómo presentamos evidencias? ¿Qué autoridades culturales citamos para que nos escuchen? ¿Cuáles son los puntos de contacto entre el evangelio y nuestra cultura? Podemos encontrar respuestas a estas preguntas si hacemos una lectura atenta de los discursos apologéticos que aparecen en los Hechos de los Apóstoles.

La razonabilidad de la fe

Este análisis cultural de la audiencia también debe incluir la siguiente reflexión: pensando en esas personas o comunidades, ¿qué elementos de la fe cristiana serán más convincentes, atractivos o persuasivos? Siempre es difícil defender ideas que parecen ir contracultura, que son muy diferentes a la mentalidad dominante. No obstaste, es necesario hacerlo. No podemos asumir que la gente automáticamente verá la verdad y la relevancia de las ideas que nuestra cultura occidental muchas veces está arrinconando. Tenemos que ayudar a la gente a ver el poder y el potencial de la fe cristiana.

En este sentido, podemos aprender algo del acercamiento apologético de C. S. Lewis. El teólogo de Oxford y experto en Nuevo Testamento Austin Farrer sugirió que su éxito se debió en parte a su habilidad para ofrecer "una exposición positiva de la fuerza moral, imaginativa y racional de las ideas cristianas". Si la fe cristiana no puede presentar una visión de la realidad cuya verdad, belleza y bondad sobrepasen a las que ofrecen las demás opciones religiosas y seculares, la fe cristiana no tiene posibilidades de prosperar. Pero sí posee esa habilidad. Nuestra tarea apologética consiste en trabajar para que en medio de nuestra cultura la gente pueda ver y apreciar la vitalidad racional, imaginativa y moral de la visión cristiana de la realidad.

Por tanto, hemos sido llamados a mostrar y encarnar (que no a crear o inventar) la verdad, belleza y bondad de la fe.[17] Sin embargo, aunque Farrer reconocía la importancia de todas estas dimensiones de la fe, se desvivió por señalar que si queríamos que nuestra cultura aceptara nuestro mensaje, lo más importante era demostrar la razonabilidad de la fe.[18]

Aunque los argumentos no hacen que la persona se convenza, la falta de estos destruye la fe. Puedes probar algo, y que aún así la gente decida no aceptarlo; pero aquello que nadie parece tener la capacidad de defender, la gente lo abandona rápidamente. Un argumento racional no produce fe, pero ayuda a mantener el clima en el que la fe puede florecer.

Demostrar la razonabilidad de la fe no significa probar cada dogma de fe, sino que significa mostrar que hay razones de peso para creer que estos son creíbles y fiables.[19] Significa también que la fe cristiana explica de forma satisfactoria lo que observamos y experimentamos.

Esta idea la enfatizó la filósofa y activista social francesa Simone Weil, quien descubrió que la fe en Dios ilumina la realidad de un modo mucho más satisfactorio que las opciones seculares.[20]

Si por la noche enciendo en la calle una linterna, no juzgo su potencia mirando la bombilla, sino viendo cuántos objetos es capaz de alumbrar. La luminosidad de una fuente de luz se aprecia por la luz que proyecta sobre objetos no luminosos. El valor de una forma de vivir religiosa o, en términos más generales, espiritual se aprecia por la luminosidad que proyecta sobre las cosas de este mundo.

La capacidad de una teoría para iluminar la realidad y ayudarnos a verla con claridad es un elemento clave para determinar su fiabilidad. Vemos aquí un tema central de la apologética cristiana: hay buenas razones para creer que el cristianismo es verdad, y una de ellas es el grado en el que puede explicar satisfactoriamente lo que vemos a nuestro alrededor y dentro de nosotros.

No obstante, debemos evitar pensar que nuestra tarea simplemente es ganar discusiones, o presentar las credenciales racionales de la fe. La Ilustración ha tenido un impacto duradero en la cultura occidental, especialmente en cuanto a demandar que las creencias presenten pruebas de su validez. Como resultado, a menudo la apologética cristiana se ha presentado como si solo consistiera en desarrollar argumentos eficaces, diseñados para convencer a la gente de que la fe cristiana es verdad. Pero esto fácilmente puede llegar a reducir el cristianismo a una serie de hechos e ideas abstractas aburridas. Este acercamiento es defectuoso al menos en tres aspectos.

En primer lugar, no está fundamentado en la Biblia cristiana. Lo que ha hecho es sustituir la idea bíblica de verdad como concepto relacional por una idea racionalista de la "verdad". El término "verdad", especialmente en el Antiguo Testamento, indica principalmente fiabilidad y credibilidad. La cuestión apologética es que Dios es una base segura, un fundamento seguro sobre el que edificar la vida de fe. El "Dios verdadero" no solo es un Dios que existe, sino un Dios en el que podemos confiar.

En segundo lugar, el atractivo del evangelio no se limita a la racionalidad de sus creencias. Como vemos en los escritos de C. S. Lewis, el cristianismo también responde de forma poderosa a la imaginación. De joven, Lewis anhelaba ese mundo de pasión, belleza y significado que él había llegado a creer que no existía. "Creía que casi todo lo que amaba era imaginario; y casi todo lo que creía real lo veía horrible y sin sentido".[21] Su imaginación le decía que había un mundo mejor; su razón le decía que eso era un sinsentido. Por tanto, creía que la única opción que tenía era enfrentarse a la desolación de un mundo sin sentido y a su vana existencia.

Al final, Lewis descubrió la fuerza racional de la fe cristiana. Sin embargo, el evangelio no le atrajo por su corrección proposicional, sino porque vio que ofrecía sentido. Como él mismo dijo más adelante, "la razón es el órgano natural de la verdad; pero la imaginación es el órgano del sentido".[22] Para otros, el atractivo de la fe cristiana está sobre todo en la belleza de su adoración, en su capacidad para conectar con las emociones humanas o en sus consecuencias éticas.

Y en tercer lugar, este acercamiento racionalista está profundamente enraizado en una cosmovisión modernista. Sin embargo, en casi todas las sociedades occidentales esta ha sido sustituida por la posmodernidad, que ha dado la vuelta a muchas de las principales creencias de la modernidad. Apelar a la racionalidad intrínseca de la fe funciona en un contexto moderno, pero en otros contextos un acercamiento apologético basado en argumentos y razonamientos no conectará con las aspiraciones y los prejuicios culturales. El interés de la posmodernidad por la narrativa, más que por los argumentos, abre una ventana de posibilidades para la apologética bíblica, ya que las formas que predominan en las Escrituras son las narrativas.[23]

Sigue siendo de vital importancia afirmar y reivindicar la razonabilidad de la fe, sin limitar la fe a lo que la razón puede probar con certeza. Las grandes preguntas de la vida van más allá de lo que la razón humana es capaz de demostrar. Me refiero a preguntas como ¿Quién soy? ¿Realmente importo? ¿Por qué estoy aquí? ¿Puedo marcar una diferencia?[24] Ni la ciencia ni la razón humana pueden contestar estas preguntas. No obstante, si no las contestamos, la vida puede perder todo su sentido. Como apologetas, debemos demostrar que, ante las grandes preguntas de la vida, la fe cristiana ofrece respuestas que son razonables, y que además funcionan. Hay momentos en lo que no solo es importante mostrar que el cristianismo es verdad, sino que es igual de importante mostrar que es real.

Conclusión

El análisis teológico es solo uno de los aspectos de la buena apologética; esta demanda también un análisis de los criterios culturales que determinan la aceptabilidad y el atractivo de una creencia. Ambas tareas son importantes. La reflexión teológica nos ayuda a vislumbrar la riqueza, esplendor y gozo del evangelio; el discernimiento cultural nos permite conectar nuestra proclamación con las vidas cotidianas de nuestros oyentes. Las dos son parte integral de la misión de la iglesia. No podemos dejar que las necesidades urgentes de nuestra situación nos lleven a un pragmatismo apologético superficial, o peor aún, a perder el impulso apologético. Ahora, más que nunca, necesitamos proclamar y exhibir el tapiz de la fe, para que la gente pueda apreciar tanto la totalidad del dibujo como la riqueza de todos los hilos que lo componen.

PARTE 2

INTERACTUANDO CON NUESTRA CULTURA

7

Las ciencias naturales:
¿amigas o enemigas de la fe?

La relación de la fe cristiana con las ciencias naturales me ha interesado desde hace mucho tiempo. La cuestión principal que consideraremos en este capítulo es si las ciencias naturales y la religión libran un combate mortal. Académicos y expertos de renombre lo han desmentido, y creo que es insostenible históricamente y filosóficamente hablando. Sin embargo, esa premisa ha vuelto a cobrar vida en los escritos de los nuevos ateos, especialmente en los de Richard Dawkins,[1] como veremos.

Mi historia de amor con las ciencias naturales empezó cuando tenía nueve o diez años. El cielo nocturno me parecía increíblemente bello, y soñaba con explorarlo. Busqué en la biblioteca de la escuela libros de astronomía e incluso me las apañé para construirme un pequeño telescopio para poder observar las lunas de Júpiter. Por aquel tiempo, un tío abuelo que había dirigido el departamento de patología del Hospital Royal Victoria de Belfast me dio un viejo microscopio alemán que me permitió investigar otro nuevo mundo: un mundo de detalles y de complejidad. Aún lo tengo sobre mi escritorio, como recordatorio del poder que la naturaleza tiene para fascinar, intrigar y provocar preguntas.

En concreto, la pregunta que no me dejaba en paz era la siguiente: ¿En qué consistía la vida? ¿Qué sentido tenía? De adolescente, devoré el ateísmo ciego de autores como Bertrand Russell. Para mí, el ateísmo era la cosmovisión apropiada para una persona científica como yo. Las ciencias naturales se expandieron hasta habitar el espacio intelectual que una vez ocupó la idea de Dios, ya desbancada. No había necesidad de proponer, y mucho menos tomar en serio, una idea tan desfasada. Dios era una oscura reliquia del pasado, pues el avance científico había probado que era un espejismo.

Así, reflexionando sobre el alcance y el poder de las ciencias, de forma gradual llegué a la conclusión de que la vida no tenía sentido. Yo mismo era un resultado accidental de las fuerzas cósmicas ciegas, un habitante del universo al que uno solo le podía hablar de dirección, no de propósito. No era una idea particularmente atractiva, pero encontraba solaz al pensar que su vacío y austeridad eran claros indicadores de su verdad. Era tan poco atractiva que tenía que ser verdad. Confieso cierto grado de engreimiento en aquel entonces, de superioridad intelectual por encima de aquellos que encontraban solaz y satisfacción en su creencia en Dios.

Pero las preguntas seguían estando ahí. Y cuando examinaba el cielo nocturno, su silencio me incomodaba. Me gustaba mirar con la ayuda de mi pequeño telescopio la M31, la famosa nebulosa de la constelación de Andrómeda, que es tan brillante que puede verse sin necesidad de ningún aparato. Pero sabía que estaba tan lejos que la luz que ahora salía de la nebulosa tardaría dos millones de años en llegar a la tierra, momento en el que yo, obviamente, ya estaría muerto. Empecé a pensar en la inquietante brevedad de la vida humana. Entonces, ¿qué sentido tenía todo? El poeta Alfred Lord Tennyson resume muy bien la situación humana en los versos de *El arroyo*:

> *Los hombres nacen, los hombres mueren;*
> *Mas aquí sigo yo, por siempre.*

Sin embargo, seguí obstinadamente convencido de que la severidad metafísica y la monotonía existencial de esta posición eran confirmaciones de que era verdad. Nadie se acercaría a esta posición sombría y macabra por su atractivo; por tanto, la gente creía en ella porque era verdad. Era innegable que la ciencia apuntaba al ateísmo, y yo estaba dispuesto a ir a donde la ciencia me llevara.

Seguí adentrándome en las matemáticas, la física y la química, y con el tiempo gané una beca para estudiar Química en la Universidad de Oxford (donde a las ciencias aún se les llamaba, curiosamente, "filosofía natural"). En aquel entonces, se recibía la noticia de que había sido aceptado en

Oxford muchos meses antes de empezar. Me enteré de que había ganado la beca para ir a Oxford en diciembre de 1970, pero la vida universitaria no empezaría hasta octubre de 1971. ¿Qué hacer mientras tanto? La mayoría de mis amigos dejaron la escuela para viajar o ganar algún dinero. Yo decidí quedarme y utilizar ese tiempo para aprender alemán y ruso, idiomas que serían útiles para mis estudios de ciencias. Al haberme especializado en ciencias físicas, era consciente de la necesidad de ampliar mis conocimientos de biología. Así que dediqué un tiempo a leer y reflexionar.

Después de aproximadamente un mes, después de agotar los volúmenes sobre biología que había en la biblioteca del departamento de ciencias, me topé con una pequeña sección que no había llamado mi atención hasta el momento. "Historia y filosofía de la ciencia". Estaba llena de polvo. No tenía tiempo para ese tipo de cosas. En mi opinión, no era más que la crítica desinformada por parte de aquellos que se veían amenazados por las ciencias naturales, que se defendían criticando su certeza y simplicidad. La filosofía, como la teología, no era más que especulación inútil sobre temas que podían resolverse por medio de unos cuantos experimentos bien hechos, ¿no?

Pero después de leer los pocos libros de ese campo que había en el departamento, me di cuenta de que, lejos de ser un grupo de oscurantistas ignorantes que obstaculizaban de forma innecesaria el implacable avance científico, autores como Karl Popper y Thomas Kuhn hacían preguntas muy buenas sobre la fiabilidad y los límites del conocimiento científico, preguntas que evidentemente requerían una reflexión más detenida. Eran preguntas con las que aún no me había encontrado, sobre la subdeterminación de una teoría por los datos, el radical cambio de teorías en la historia de la ciencia, las dificultades para elaborar un "experimento crucial" y las cuestiones enormemente complejas a la hora de establecer cuál era la "mejor explicación" para una serie de observaciones dadas. ¡Qué fastidio! Estas cuestiones complicaban lo que para mí habían sido las tranquilas y, por encima de todo, *sencillas* aguas de la verdad científica.

Las cosas eran más complejas de lo que yo había pensado. Me habían abierto los ojos y sabía que la actitud infantil con la que había disfrutado de las ciencias había quedado atrás. Secretamente, soñaba con recuperar la belleza y la inocencia de aquella etapa: ¡creo que parte de mí deseaba no haber pasado nunca por aquella sección de "Historia y filosofía de la ciencia"! Pero había probado el fruto prohibido y ahora tenía que adentrarme más en ese jardín secreto del conocimiento. Aunque los nuevos descubrimientos no me llevaron a creer en Dios, sí desapareció del camino una importante barrera para la fe: la idea de que tenemos que poder probar nuestras creencias con certeza.

Llegó el mes de octubre de 1971, y por fin empecé la universidad. Hasta ese momento, había asumido que cuando la ciencia no podía responder una pregunta, es que simplemente no había respuesta. Ahora empezaba a ver que quizá el método científico tenía sus limitaciones, y que muchas partes del territorio intelectual, estético y moral quedaban fuera de su alcance. Si la ciencia no podía examinarlas, entonces tendría que encontrar otros caminos para acceder a esas esferas. Y, habiéndome visto forzado a abandonar lo que ahora veía como un positivismo científico un tanto naíf, entendí que tenía que volver a examinar toda una serie de cuestiones que había desestimado como inútiles y sin sentido, incluyendo la cuestión de Dios.

Empecé a entender que el mundo natural es conceptualmente maleable. Podemos reinterpretar la naturaleza de diversas maneras sin perder la integridad intelectual. Algunos "leen" o "interpretan" la naturaleza de una forma atea. Otros la "leen" de una forma deísta, interpretando que apunta a una divinidad creadora que luego se desentiende de su creación. (Dios da cuerda al reloj y luego ya no le hace caso alguno). Otros optan por una visión cristiana, creyendo en un Dios que crea pero también sostiene el universo. Se puede ser un científico "de verdad" *estando* comprometido con una visión del mundo concreta (religiosa, espiritual o antirreligiosa) o *sin estarlo*.

Esta es la visión de la mayoría de los científicos con los que hablo hoy, incluyendo muchos de los que se autodefinen como ateos. A diferencia de sus colegas ateos más dogmáticos, entienden perfectamente por qué algunos de sus colegas adoptan una visión cristiana del mundo. Pueden no estar de acuerdo con esa visión, pero están dispuestos a respetarla. Tenemos el ejemplo, Stephen Jay Gould, cuya triste muerte por cáncer en 2002 dejó a la Universidad de Harvard sin uno de sus mejores profesores, y a los lectores de publicaciones científicas divulgativas sin uno de sus autores más accesibles. Las ciencias naturales, incluyendo la teoría evolutiva, encajaban tanto con el ateísmo como con la creencia religiosa convencional.[2] A menos que la mitad de sus colegas científicos fueran unos estúpidos totales, presunción que Gould descartó por no tener sentido, independientemente de a qué mitad se aplicara, era la única forma responsable de explicar las diferentes reacciones ante la realidad por parte de personas inteligentes y bien formadas.

Cuando me di cuenta de que el amor por la ciencia daba mucha más libertad para interpretar la realidad de la que me habían hecho creer, empecé a explorar otras formas de mirar las cosas. Siempre había sido muy crítico con el cristianismo, pero nunca había hecho la misma evaluación crítica del ateísmo. Simplemente había asumido que era la visión correcta. Durante los meses de octubre y noviembre de 1971, fui dándome cuenta de que el fundamento intelectual del ateísmo era mucho menos sólido de lo que había pensado. Mis dudas sobre su solidez intelectual me llevaron a darme cuenta de que el ateísmo era, de hecho, un sistema de creencias, aunque yo hubiera asumido ingenuamente que era una declaración objetiva sobre la realidad. A la vez, empecé a descubrir que la fe cristiana era mucho más robusta intelectualmente de lo que yo había imaginado. Así que me replanteé muchas cosas y hacia finales de noviembre, había tomado una decisión: dejé una fe para abrazar otra.

No tardé en apreciar la gran capacidad intelectual de la fe cristiana. No solo se levantaba sobre evidencias de peso y fundamentos racionales; además, capacitaba y enriquecía al que la abrazaba. Ofrecía unas lentes que permitían ver la realidad de forma clara; una iluminación intelectual que me permitía ver, en el mundo de la naturaleza, detalles y conexiones que de otro modo no habría visto. La fe cristiana tenía sentido en sí misma, y daba sentido a todo lo demás.

En septiembre de 1974 me uní al grupo de investigación del profesor Sir George Radda del departamento de bioquímica de la Universidad de Oxford. En aquel momento, Radda estaba desarrollando una serie de métodos físicos para investigar sistemas biológicos complejos, que incluían acercamientos con resonancia magnética. Mi interés particular era desarrollar métodos físicos innovadores para examinar la conducta de las membranas biológicas, que con el tiempo se ampliaron para incluir técnicas tan diferentes como el uso de sondas fluorescentes y la descomposición de la antimateria para estudiar transiciones dependientes de la temperatura en sistemas biológicos.

Pero mi verdadero interés empezó a ir por otro lado. Nunca perdí la fascinación por el mundo natural. Simplemente encontré algo que se puso por delante, algo que inicialmente parecía un rival, pero que luego vino a complementarlo. Lo que para mí fue, en su día, una guerra declarada entre ciencia y religión, ahora parecía cada vez con más claridad una sinergia crítica pero constructiva, con un potencial inmenso de producir enriquecimiento intelectual. ¿Cómo podía usar la metodología de trabajo y los supuestos de las ciencias naturales para desarrollar una teología cristiana intelectualmente sólida? ¿Y cómo podría explorar esta posibilidad y hacerlo adecuadamente?

En ese momento, decidí que lo mejor era dejar la investigación científica y ser teólogo. Aunque pensaba ser un teólogo que estuviera al día de las publicaciones científicas, especialmente en el campo de la biología evolutiva, y que buscara activamente relacionar la ciencia y la fe. No tenía tiempo para la perspectiva del "Dios tapagujeros", que intentaba defender la existencia de Dios apelando a los agujeros o lagunas de la explicación científica. Durante mi tiempo como estudiante en Wadham College, conocí y llegué a respetar mucho a Charles Coulson (1910-1974), el primer profesor de química teórica de la Universidad de Oxford, que era un crítico declarado de esa perspectiva. Para Coulson, la realidad como un todo demandaba una explicación. "O Dios está en toda la naturaleza, sin brechas ni agujeros, o simplemente no está".[3]

Reflexionando sobre las implicaciones cognitivas de la fe cristiana, pude ver que existe un alto grado de correspondencia entre la versión cristiana de la realidad y lo que observamos. Eso me llevó a interesarme por el campo de la teología natural, la cual no interpreto como un intento de deducir la existencia de Dios a partir de una observación fría y distante de la naturaleza, sino como la empresa de ver la naturaleza desde el punto de vista de la fe, enfatizando la importancia de la creencia en Dios para explicar todo el cuadro. Lo que tengo en mente al decir esto son los patrones generales de ordenación que podemos percibir en el universo, esas cosas que son o demasiado grandes o demasiado raras para la ciencia.[4]

Por ejemplo, llegué a apreciar que el carácter explicable de la naturaleza era sorprendente en sí mismo y que incluso ese carácter explicable requería de una explicación. No era el único en pensar así. Albert Einstein ya subrayó en 1936 que "el misterio eterno del mundo es su inteligibilidad". La *inteligibilidad* del mundo natural, demostrada por las ciencias naturales, nos lleva a preguntarnos por qué existe una resonancia fundamental entre las mentes humanas y las estructuras del universo. ¿Por qué deberíamos ser capaces de explicar el mundo a ese nivel tan profundo? ¡No parece haber una ventaja evolutiva evidente! Así que una de las cosas más emocionantes de la fe cristiana es que crea un espacio intelectual para las ciencias naturales, y lo hace articulando una visión de una realidad ordenada que la mente humana hecha a "imagen de Dios" puede estudiar.

Otro ejemplo de cosas "grandes" y "raras" sobre el universo que parece precisar de una explicación son lo que ahora todos describen como "fenómenos antrópicos".[5] Cada vez son más los que creen que el término "ajuste fino" es adecuado para expresar la idea de que, desde el momento de sus inicios, parece ser que el universo poseía ciertas cualidades que contribuyeron, en ese momento de la historia del cosmos, a que se produjera vida inteligente en la tierra que es capaz de reflexionar sobre las implicaciones de su existencia.

Resulta que las constantes fundamentales de la naturaleza poseen, felizmente, valores favorables para la vida. Por ejemplo, la existencia de vida en la tierra basada en el carbono depende del delicado equilibrio de determinadas fuerzas y parámetros físicos y cosmológicos, de tal modo que si cualquiera de esas cantidades variara mínimamente, se destruiría el equilibrio y la vida no existiría. Aunque estos fenómenos no son una "prueba" de la existencia de un Dios creador, sí encajan con la visión de Dios que recoge y practica la fe cristiana. Por tanto, la observación de fenómenos antrópicos concuerda con los temas centrales de la visión cristiana de la realidad.

Sin embargo, es imposible reflexionar sobre las ciencias naturales y la fe sin mencionar los desafíos que surgen cuando abordamos esta cuestión. En el resto del capítulo consideraremos brevemente cinco de los problemas más comunes.

1. El supuesto "conflicto" entre ciencia y religión

Richard Dawkins insiste en decir que la ciencia y la religión están en guerra. Eso lleva a la conclusión de que los científicos que creen en Dios no son más que colaboradores o traidores. Tristemente, estas ideas aún están muy extendidas en la cultura científica popular, que todavía sugiere que la iglesia encarceló y torturó a Galileo por su modelo heliocéntrico del sistema solar, que los cristianos medievales pensaban que la tierra era plana, y que la iglesia luchó en contra del parto sin dolor cuando se descubrieron las propiedades anestésicas del cloroformo.

Hace tiempo que los historiadores de la ciencia han desmentido que la ciencia y la religión estén en guerra y han desacreditado la mayoría de las presuntas evidencias presentadas para respaldar esa visión.[6] Según los historiadores de la ciencia, la verdad es mucho más compleja de lo que este estereotipo simplista sugiere. Aun así, esa visión es parte fundamental de la defensa que Dawkins hace de su ateísmo en su libro *El espejismo de Dios*. Ya va siendo hora de que el nuevo ateísmo avance y se ponga al día con la investigación académica actual.

2. La comprensión errónea del "Dios" cristiano

Los científicos ateos normalmente exigen a los cristianos que "demuestren" la existencia de Dios como si para los cristianos Dios fuera un objeto más del mundo igual a una nueva luna del planeta Marte, una nueva especie acuática o un unicornio invisible. Quizá creen que los cristianos se imaginan a Dios como una deidad del Olimpo, sentada en la cima de la montaña, esperando pacientemente a que le descubran. Pero para el cristiano, Dios no es un "ente" igual a los otros entes del mundo, sino la fuente, el fundamento y la explicación de todo lo que existe. Dios es el creador de todas las cosas, no un miembro más de esa clase de cosas.

Una de las características más chocantes del nuevo ateísmo de Dawkins es su suposición aparentemente incontestable de que el inventario teísta del universo simplemente incluye un elemento extra (y totalmente innecesario), que no aparece en la lista atea. Este inventario universal se verifica a través de los métodos científicos. Y como la existencia de Dios no se puede demostrar científicamente, Dawkins no cree en un Dios así. Pero yo tampoco creo en un Dios así.

El filósofo Ludwig Wittgenstein es conocido por su énfasis en que las palabras tienen múltiples sentidos y significados. El significado de una palabra queda determinado por el uso que se le da a dicha palabra. Dawkins piensa en la palabra "Dios" y entiende una cosa, y yo entiendo algo considerablemente diferente. El nuevo ateísmo se posiciona en contra de una idea de Dios que poco tiene que ver con el Dios del cristianismo. La fe de los cristianos no se va a tambalear a causa de evidencias o argumentos basados en suposiciones que ellos mismos no comparten y que consideran totalmente erróneas. En este momento, la "crítica" que el ateísmo le hace al cristianismo no es mucho más que un argumento circular a propósito de la coherencia interna del ateísmo, en lugar de ser un diálogo considerado con lo que los cristianos creen sobre Dios.

3. La introducción de la metafísica en la ciencia

Cuando se aplica de forma adecuada y legítima, el método científico es neutro; es decir, ni respalda ni critica las creencias religiosas. Esto significa que los ateos científicos tienen que darle varias vueltas a la ciencia para mantener su dogma de que la ciencia rebate la religión. Y dado que el método científico no trae consigo el ateísmo, los que quieren usar la ciencia para defender el ateísmo se ven obligados a introducir una serie de ideas metafísicas no empíricas en su explicación de la ciencia, confiando en que nadie notará este juego de prestidigitación intelectual.

Examinemos más esta idea considerando el reciente y magnífico estudio *La música de la vida*, escrito por Denis Noble,[7] célebre biólogo de sistemas de Oxford que desarrolló el primer modelo matemático del funcionamiento del corazón humano. Noble analiza un pasaje de uno de los libros más conocidos de Dawkins, *El gen egoísta* (1976), aplicando a la biología evolutiva una visión basada en los genes, que en ese entonces estaba ganando predominancia en la biología evolutiva.[8]

> *[Los genes] abundan en grandes colonias, a salvo dentro de gigantescos y torpes robots, encerrados y protegidos del mundo exterior, comunicándose con él por medio de rutas indirectas y tortuosas, manipulándolo por control remoto. Se encuentran en ti y en mí; ellos nos crearon, cuerpo y mente y su preservación es la razón última de nuestra existencia.*

Fíjate cómo Dawkins representa a los genes como agentes activos, al control de su propio destino, y del nuestro.

En ese párrafo, ¿qué partes pueden probarse a partir de la observación, y qué partes son especulación metafísica? Noble comenta que la única parte que recoge hechos empíricamente verificables es que los genes "se encuentran en ti y en mí". El resto es especulación. A continuación, Noble reescribe la prosa de Dawkins, introduciendo una serie de conjeturas metafísicas totalmente diferentes.[9]

> *[Los genes] abundan en grandes colonias, a salvo dentro de seres altamente inteligentes, moldeados por el mundo exterior, comunicándose con él por medio de procesos complejos, a través del cual, a tientas, como por arte de magia, surge la función. Se encuentran en ti; somos el sistema que hace posible que su código pueda leerse; y su preservación depende totalmente del gozo que experimentamos al reproducirnos. Somos la razón última de su existencia.*

Según esta lectura, los seres humanos están al control de la situación. Somos activos; los genes son pasivos. Se ha dado la vuelta a la postura de Dawkins.

En el párrafo de Noble, ¿qué parte es científica? Como antes, la única cosa que podemos confirmar de forma científica es que los genes "se encuentran en ti y en mí". El resto es especulación, está fuera del alcance de la investigación empírica. Dawkins y Noble ven las cosas de forma totalmente distinta. Los dos no pueden tener razón. Ambos han introducido una serie de conjeturas metafísicas bastante diferentes. Sin embargo, sus afirmaciones son "empíricamente equivalentes". Es decir, a través de la observación y las pruebas experimentales ambos han obtenido exactamente el mismo conocimiento. ¿Así que quién está en lo cierto? ¿Cómo podemos decidir qué opción es la mejor, científicamente hablando? Como Noble observa, "al parecer, nadie es capaz de pensar en un experimento que detectaría una diferencia empírica entre ambos". El verdadero problema en el campo de la ciencia y la religión tiene que ver con la introducción de suposiciones metafísicas ateas, que las ciencias ni sugieren ni legitiman.

4. La ciencia y la religión compiten para ofrecer la mejor explicación

El nuevo ateísmo toma una visión de la ciencia dogmáticamente positivista, sosteniendo que esta lo explica todo (o tiene el potencial de explicarlo todo), incluyendo las cuestiones que tradicionalmente han formado parte de la esfera religiosa. La ciencia y la religión ofrecen explicaciones rivales. Un día, la ciencia triunfará y las explicaciones religiosas se desvanecerán. No puede haber múltiples explicaciones de las mismas cosas y, según los nuevos ateos, la única explicación que puede ser válida es la explicación científica.

Pero esa es una forma de argumentar muy decimonónica, una forma que no es capaz de pensar críticamente sobre la naturaleza de la explicación científica. El neurocientífico Max Bennet y el filósofo Peter Hacker han examinado la perspectiva que Dawkins y otros abrazan ("la ciencia lo explica todo"), y han llegado a la conclusión de que es deficiente a más no poder.[10] Por ejemplo, no podemos decir que las teorías científicas "explican el mundo": solo explican los *fenómenos* que observamos en el mundo. Además, Bennett y Hacker argumentan que las teorías científicas no describen ni explican, ni tampoco lo pretenden, "todo sobre el mundo", como por ejemplo su propósito. El derecho, la economía y la sociología son ejemplos de disciplinas que interactúan con fenómenos específicos de su campo, sin tener que verse a sí mismas como inferiores o dependientes de las ciencias naturales.

El problema real tiene que ver con los niveles de explicación. Vivimos en un universo complejo, con múltiples capas. En nuestro análisis debemos incluir cada uno de los niveles. La física, la química, la biología y la psicología, por mencionar solo cuatro ciencias, interactúan con diferentes niveles de la realidad y ofrecen explicaciones adecuadas a ese nivel. Pero no son excluyentes. Una explicación completa debe aunar esos diferentes niveles de explicación, porque (por dar un ejemplo obvio), la explicación física de un electrón no compite con su homóloga química. Mi colega de Oxford John Lennox, que es matemático y filósofo de la ciencia, usa una buena ilustración. Imagínate que analizamos científicamente un pastel, y que realizamos un estudio exhaustivo sobre su composición química y las fuerzas físicas que lo mantiene unido. ¿Nos dice que el pastel lo han hecho para celebrar un cumpleaños? ¿Y eso contradice el análisis científico? Claro que no.

Vemos aquí el importante principio científico de los diferentes niveles de explicación, que se complementan unos a otros. Este principio se hace evidente en la vida cotidiana.

Piensa en una interpretación de tu pieza musical favorita. Podemos describirla científicamente fijándonos en los patrones de las vibraciones. Sin embargo, esa explicación perfectamente válida precisa de algo más si queremos que explique el fenómeno de la música y el impacto que esta tiene en nosotros. De igual modo, una obra pictórica es mucho más que el análisis de sus componentes químicos, o la disposición física de sus elementos. Las explicaciones científicas y religiosas pueden complementarse la una a la otra. Los problemas vienen cuando los científicos empiezan a sonar como religiosos, y los teólogos como científicos. Por ejemplo, en general el "creacionismo" se ve como un ejemplo de un movimiento religioso que alega tracción científica.

A un nivel muy sencillo podríamos aplicar este acercamiento de la forma siguiente. Una descripción científica del mundo describe cómo surgió a partir de un suceso cosmológico inicial (la vehemente singularidad del *big bang*), que dio lugar, después de un largo periodo de tiempo, a la formación de estrellas y planetas, creando condiciones favorables para la aparición y la evolución de seres vivos. No hace referencia a Dios porque no toca. El cristiano explicará que Dios creó el mundo, y lo guio para que llegara a ser lo que tenía planeado. Para algunos, ese proceso fue acción divina directa. Para otros, Dios guio ese proceso creando y obrando por medio de las fuerzas naturales. Pero sea como sea, estas explicaciones no se contradicen, sino que se complementan.

5. La creencia en Dios es un espejismo causado por "memes"

Richard Dawkins introdujo por primera vez la idea del "meme" en 1976. Hacia el final de su libro *El gen egoísta*, argumentó que hay una analogía básica entre la evolución biológica y la cultural: ambas precisan de un replicador. En el caso de la evolución biológica, ese replicador es el gen; en el caso de la evolución cultural, es un ente hipotético al que Dawkins llamó un "meme". Para Dawkins, la idea de Dios es quizá el ejemplo supremo de ese meme. Las personas no creen en Dios porque han dedicado tiempo y esmero a pensar en esa cuestión; creen porque han sido infectadas por un poderoso meme, que de algún modo se ha adentrado en sus cerebros.

Pero, ¿alguien ha visto a esos entes, saltando de cerebro en cerebro, o paseando por ahí? Fijémonos que el verdadero debate no tiene nada que ver con la religión. La pregunta importante es si el meme es una hipótesis científica viable cuando (por mencionar los problemas más obvios) no existe una definición operativa clara de un meme, cuando no existe un modelo comprobable de cómo los memes influyen en la cultura y por qué los modelos de selección estándar no son apropiados, cuando hay una tendencia general a ignorar los sofisticados modelos de transmisión de la información que nos ofrecen las ciencias sociales, y cuando hay un alto grado de circularidad en la explicación del poder de los memes.

Más recientemente, en *El espejismo de Dios* (2006), Dawkins presenta la idea de los memes como si fuera ortodoxia científica demostrada, sin mencionar el inconveniente de que la comunidad científica la considera una idea poco fiable y prefiere relegarla al margen. Dawkins presenta al meme como si fuera un ente que realmente existe, un ente con mucho potencial para explicar los orígenes de la religión. Incluso desarrolla un avanzado vocabulario basado en sus propias convicciones que incluye palabras como "memeplex". Daniel Dennet también usa ampliamente esta idea en su manifiesto del "nuevo ateísmo", *Romper el hechizo* (2006). Es fascinante que uno de los fundamentos intelectuales del nuevo ateísmo sea la idea del meme, pues es una idea con serios puntos débiles y con claras consecuencias incómodas para esta perspectiva supuestamente "científica" del ateísmo.

Para ilustrar mejor los problemas de esta perspectiva, veamos la osada afirmación de Dawkins: "A veces, los memes pueden mostrar muy alta fidelidad".[11] Esto es un dogma de fe presentado como un hecho científico. Lo que Dawkins está haciendo es replantear una observación usando su propio lenguaje teórico, un lenguaje que no encontraremos en la comunidad científica. La *observación* es la siguiente: que las ideas se pueden transmitir de una persona, grupo o generación o otra persona, grupo o generación; la *interpretación teórica* que Dawkins hace de esta observación, que él presenta como hecho indudable, le lleva a atribuir fidelidad a algo que, para la mayoría, no existe. Vemos aquí un ejemplo de lo que, para la mayoría de sus críticos, es el mayor error de la memética: sus "logros" se limitan simplemente a *redescribir* una multitud de fenómenos en términos meméticos.

Además, las ideas y las creaciones culturales no son, ni contienen, un código autoensamblado. No son "replicadores", como asumen las explicaciones de desarrollo y transmisión cultural ofrecidas por Dawkins y Dennett.[12] Dado que no hay evidencias científicas convincentes de la existencia de estos entes, algunos bromean diciendo que quizá existe un meme incluso para creer en los memes.

Una clara muestra de que el "meme" no ha logrado ganarse el respaldo académico es la historia de la revista *Journal of Memetics*, lanzada en 1997, en el zénit de la credibilidad cultural del meme.[13] La revista dejó de publicarse en 2005. ¿Por qué? La respuesta la encontramos en una crítica devastadora de la idea del meme que apareció publicada en el último número de esa revista condenada al fracaso.[14] El Dr. Bruce Edmonds hizo dos críticas fundamentales a la idea de la memética, que le acabaron de quitar toda la credibilidad ante la comunidad científica.

1. El motivo por el que la memética ha fracasado es porque "su capacidad explicativa o predictiva no añade nada a las explicaciones sin la analogía gen–meme que ya disponemos". Dicho de otro modo, no ha aportado ningún "valor añadido" a la búsqueda de una *nueva* comprensión de los fenómenos.

2. El estudio de la memética ha estado caracterizado por "un debate teórico de una abstracción extrema y de una ambición excesiva". Edmonds critica sobre todo los intentos excesivamente ambiciosos y nada realistas, con frecuencia

desarrollados antes de encontrar evidencias, "de 'explicar' algunos fenómenos inmensamente complejos como la religión". Sin embargo, para algunos de sus defensores más fanáticos, esa es precisamente la idea de la memética: explicar la creencia en Dios.

Edmonds concluye rechazando el meme de forma lapidaria: la memética "ha sido una moda pasajera cuyo efecto ha sido oscurecer más que esclarecer. Me temo que, como disciplina reconocida, no la echaremos en falta".

La importancia de esta observación quedará patente. Como hemos visto, dos de las obras más destacadas del nuevo ateísmo apelan al "meme" como base científica para explicar la creencia en Dios (la mayoría de los científicos dirían "explicar de forma reduccionista"). Sin embargo, resulta que la idea del meme es altamente especulativa, y las supuestas evidencias no son fundamento suficiente para determinar su credibilidad. Aún queda por ver qué implicaciones a largo plazo tendrá para la apologética atea esta confianza excesiva en una "moda pasajera" (Edmonds).

Conclusión

Es importante que la iglesia cristiana interactúe con nuestra cultura científica de forma positiva, pero también crítica. El método científico, cuando se aplica de forma adecuada, no es enemigo de la fe. Los problemas vienen cuando los ateos fogosos introducen sus propias suposiciones o conjeturas, confiando en que nadie se dará cuenta; o cuando los cristianos fogosos empiezan a creer que la ciencia cuestiona sus creencias centrales o su forma intrínseca de leer la Biblia, y cierran filas poniéndose a la defensiva. La realidad es muy diferente, y mucho más interesante. La fe cristiana nos ofrece una perspectiva intelectual sólida, que es capaz de explicar los orígenes históricos y la capacidad explicativa de las ciencias naturales. Lejos de ser un desafío para la fe, las ciencias, si se usan correcta y sabiamente, pueden llegar a convertirse en una puerta para descubrir la gloria de Dios.

8

Fe científica y religiosa:
el caso de *El origen de las especies* de Charles Darwin

El año 2009 fue el año del 200 aniversario del nacimiento de Charles Darwin, y el 150 aniversario de la publicación de su obra emblemática *El origen de las especies*. En este capítulo, considero el complejo, aunque fascinante, legado de Charles Darwin tanto para la ciencia como para la religión. En particular, examino la comprensión del método científico que encontramos en la obra de Darwin y ofrezco algunas reflexiones sobre la relevancia que tiene para la creencia en Dios. Algo así puede resultar curioso, incluso provocador, pero espero que los puntos de convergencia e iluminación vayan viéndose de forma clara.

Es imposible leer a Darwin sin quedarse impresionado por su profundo compromiso con la búsqueda de la verdad a través de la observación y el desarrollo de la "mejor explicación" para dicha observación. Sin embargo, lo que quizá merece una atención especial aparte de sus contenidos es el estilo de *El origen de las especies*. Muchos han destacado su gracia y generosidad, al igual que su disposición a autocorregirse allá donde fuera necesario. En muchos sentidos, es un modelo para el científico natural en particular porque se mantuvo lo más cerca posible de la evidencia empírica y porque evitó la especulación metafísica.

Es interesante que el tema del rol de la fe en la ciencia (y en relación con la ciencia) sea muy evidente en las diversas ediciones de *El origen de las especies*.[1] Dado que la ciencia prueba sus creencias, algunos se preguntan cómo puede justificarse una afirmación así. En su influyente ensayo "La ética de la creencia", William K. Clifford argumenta que "siempre es un error creer algo cuando las evidencias no son suficientes; es un error en cualquier lugar y lo haga quien lo haga".[2] Según él, no solo se trata de una responsabilidad intelectual, sino de un deber fundamentalmente *moral*. Nadie debería poder creer algo que no cuenta con evidencias o argumentos suficientemente sólidos. Si la visión que Clifford tiene del método científico la aplicáramos a *El origen de las especies* de Darwin, tendríamos que descartar la obra de Darwin por ser poco científica e incluso poco ética.

Las deficiencias de la perspectiva de Clifford son el tema del famoso ensayo "La voluntad de creer" (1897), en el que el psicólogo de Harvard William James (1842-1910) argumentó que los seres humanos nos vemos en la situación de tener que elegir entre opciones intelectuales que son, en palabras de

James, "forzosas, vivas y trascendentales".[3] Según James, todos necesitamos lo que él llama una "hipótesis de trabajo" para explicar nuestra experiencia del mundo. Con frecuencia, estas "hipótesis de trabajo" no se pueden demostrar en su totalidad; sin embargo las aceptamos y asumimos porque nos ofrecen puntos de vista fiables y satisfactorios que nos sirven para interactuar con el mundo real. Para James, la fe es una forma concreta de creencia, omnipresente en el día a día: "Fe significa creer en algo de lo que teóricamente es posible dudar". Esto lleva a James a afirmar que "fe es sinónimo de hipótesis de trabajo". Aunque a veces le acusaron de dar valor intelectual a ideas que solo son mera ilusión, James se defendía de esas acusaciones. Gerald E. Myers, que escribió un estudio sobre el psicólogo, observó: "Siempre defendió una fe sensible a la razón, experimental por naturaleza y, por tanto, susceptible de ser revisada".[4] Como James describía el estatus de la fe como una "hipótesis de trabajo", rechazaba la idea de fe dogmática porque para él eso era una contradicción de términos.

Con esto en mente, consideremos el análisis que Darwin hace de sus observaciones científicas a lo largo de las seis ediciones de *El origen de las especies*. Los filósofos de la ciencia dicen que hay una distinción importante entre la "lógica del descubrimiento" y la "lógica de la confirmación". Por simplificar el que es un debate bastante complejo, podemos sugerir que la "lógica del descubrimiento" habla de cómo alguien llega a una hipótesis científica, y la "lógica de la confirmación" habla de cómo se demuestra que esa hipótesis es fiable y realista.[5] A veces las hipótesis se formulan después de un largo periodo de reflexionar sobre la observación; otras, surgen de repente, en un momento de inspiración. Pero aunque la "lógica del descubrimiento" con frecuencia es más el fruto de la inspiración que de la reflexión, con la "lógica de la justificación" ocurre exactamente lo contrario. Aquí, cualquier hipótesis, se formule como se formule, se contrasta de forma rigurosa y concienzuda con lo observado para determinar el grado de "adecuación empírica" entre la teoría y la observación. No hay razón para sugerir que la idea de la "selección natural" le vino a Darwin en un momento de inspiración: su relato de cómo desarrolló la teoría deja claro que esta surgió gracias a la reflexión posterior sobre las observaciones. Cuando se embarcó en el Beagle en 1831, según nos cuenta, él creía que la flora y la fauna de una región estaba determinada por su entorno físico. Sus observaciones le obligaron a cuestionar su creencia, y a buscar otras posibles explicaciones, una de las cuales paulatinamente llegó a dominar su pensamiento. Veamos cómo lo cuenta él mismo.[6]

Durante el viaje del Beagle había quedado profundamente impresionado cuando descubrí en las formaciones de las Pampas, grandes animales fósiles cubiertos de corazas, como las de los actuales armadillos; en segundo lugar, por la manera en que animales estrechamente emparentados se sustituyen unos a otros conforme se va hacia el sur del continente; y en tercer lugar por el carácter sudamericano de la mayor parte de los productos de las Islas Galápagos, y más especialmente por la manera en que difieren ligeramente los de cada una de las islas del grupo sin que ninguna de ellas parezca muy vieja en sentido geológico. Era evidente que hechos como estos, y también otros muchos, solo podían explicarse mediante la suposición de que las especies se modifican gradualmente; y el tema me obsesionaba.

Cuanto más reflexionaba Darwin sobre sus observaciones, completándolas con las observaciones de otros, más evidentes eran los problemas y las deficiencias de las explicaciones existentes hasta el momento. Un ejemplo era la idea de "creación especial", que provenía de una interpretación literal del relato del Génesis sobre la creación, y que era la que ofrecían apologetas religiosos como William Paley.[7] Paley creía que Dios, en su sabiduría, había creado el mundo de tal forma que tanto el diseño como la ejecución mostraban esa sabiduría. Idea que Paley explicaba usando el término "artificio". La famosa imagen de Dios como el relojero divino expresaba esas dos ideas de diseño y de fabricación habilidosa. Aunque, como veremos más adelante, Darwin estaba influenciado por Paley, no creía que esta fuera la mejor explicación.

Ahora bien, la palabra "mejor" es difícil de definir. ¿Queremos decir la teoría más sencilla? ¿La más elegante? ¿La más natural? El gran filósofo natural inglés William Whewell (1794-1866) usó una imagen muy visual para ilustrar la capacidad que una buena teoría tiene de explicar, y unir, las observaciones. "Conocemos los hechos, pero están aislados y desconectados (…). Las perlas están ahí pero no colgarán unidas hasta que alguien aparezca con un cordel".[8]

Las perlas son las observaciones, y el cordel es la gran visión de la realidad, una cosmovisión, que *conecta* y *unifica* los datos. Según Whewell, una gran teoría hace posible la "unión de hechos", estableciendo así un nuevo sistema de relaciones, uniendo las que de otro modo nos habrían parecido observaciones inconexas y aisladas.

Las "perlas" que Darwin había reunido incluyen cuatro categorías de observaciones:

1. Muchas criaturas poseen "estructuras rudimentarias" que no tienen una función aparente o predictible, como los pezones de los mamíferos macho, los vestigios de una pelvis y de extremidades traseras en las serpientes y las alas de muchas aves que no vuelan. ¿Cómo pueden explicarse con la teoría de Paley, que enfatizaba la importancia del diseño individual de las especies? ¿Por qué iba Dios a diseñar algo inútil? La teoría de Darwin daba respuesta a estas preguntas con elegancia.

2. Sabían que algunas especies se habían extinguido. El descubrimiento del fenómeno de la extinción es anterior a Darwin, y normalmente se explicaba con las teorías catastróficas, como por ejemplo el diluvio universal, que encontramos en el relato bíblico de Noé. La teoría de Darwin ofrecía una explicación más clara de dicho fenómeno.

3. Su viaje de investigación en el Beagle le convenció de que en el mundo había una distribución geográfica desigual de formas de vida. En concreto, Darwin quedó impresionado

por la peculiaridad de las poblaciones insulares, como los pinzones de las islas Galápagos. Una vez más, la doctrina de la creación especial podía dar una explicación, pero era una explicación forzada y poco convincente. La teoría de Darwin ofrecía una explicación del surgimiento de esas poblaciones más creíble.

4. Ciertas formas de algunos seres vivos parecían haberse adaptado a sus necesidades específicas. Darwin sostenía que la mejor explicación era que esas formas habían aparecido y habían sido seleccionadas en respuesta a las presiones evolutivas. La teoría de Paley de la creación especial proponía que Dios diseñó de forma individual a esos seres vivos con esas necesidades específicas en mente.

¿Qué podríamos deducir de estas observaciones? ¿Qué cordel es mejor para unirlas?

Darwin siempre dijo que su teoría de la selección natural no era la única explicación posible de los datos biológicos. Pero creía que esta poseía más capacidad explicativa que sus rivales, como la doctrina de los hechos independientes de la creación especial de Paley. "Se ha arrojado luz sobre algunos hechos, que según la creencia en los actos independientes de la creación son totalmente inexplicables".[9]

Llegados a este punto, vamos a detenernos para considerar un aspecto del método científico de Darwin que con frecuencia se pasa por alto. Darwin se enfrentó a una serie de observaciones sobre el mundo natural. De hecho, son observaciones que le debemos a él y a su viaje en el Beagle. No obstante, el viaje de Darwin en el Beagle fue más productivo por las ideas que luego generó en su mente que por las especies biológicas que llevó de vuelta a casa, aunque ambas estén relacionadas. El desafío era encontrar un marco teórico que pudiera dar cabida a aquellas observaciones de un modo lo más simple, elegante y persuasivo como fuera posible. El método de Darwin es un caso paradigmático del método de "inferencia a la mejor explicación", que a día de hoy se considera la base del método científico.[10]

Sin embargo, las explicaciones más populares del método científico enfatizan la importancia de la predicción. Si una teoría no predice, no es científica. Creo que es importante cuestionar este acercamiento. Darwin tenía claro que su teoría no predecía, ni podía predecir. Así eran las cosas.[11] En una carta alabando la claridad de F. W. Hutton (1836-1905), Darwin apunta que es importante destacar esa idea.[12]

> *Aquí tenemos a uno de los pocos que ve que el cambio de las especies no se puede demostrar de forma directa, y que la doctrina se hunde o sale a flote en función de si agrupa y explica los fenómenos. Curiosamente, son muy pocos los que llegan a esta conclusión, que es sin duda la conclusión acertada.*

Detengámonos en la frase "la doctrina se hunde o sale a flote en función de si agrupa y explica los fenómenos". La naturaleza de los fenómenos científicos era tal que, para

Darwin, la predicción no era posible. Obviamente, esta idea llevó a algunos filósofos de la ciencia, sobre todo a Karl Popper, a sugerir que el darwinismo no era realmente científico.[13]

Sin embargo, estudios más recientes, especialmente del ámbito de la filosofía de la biología, han planteado dudas sobre si la predicción realmente es parte esencial del método científico. Esta cuestión ya había salido a relucir en el debate decimonónico entre William Whewell y John Stuart Mill sobre el papel de la inducción como un método científico. Whewell enfatizó la importancia de la novedad predictiva como elemento central del método científico;[14] Mill argumentó que la diferencia entre la predicción de observaciones nuevas y la acomodación teórica de las observaciones existentes era puramente psicológica y no tenía implicaciones epistemológicas significativas. El debate, obviamente, continúa. Debatiendo esta cuestión,[15] los prominentes filósofos de la biología Christopher Hitchcock y Elliott Sober dicen que aunque la predicción a veces puede ser superior a la acomodación, no siempre es así. Fácilmente pueden darse situaciones en las que la acomodación sea superior a la predicción. La predicción no es preferible *per se*; no siempre tenemos por qué preferirla a la acomodación. La relevancia de esta idea para determinar el carácter científico del acercamiento de Darwin es obvia. No obstante, pone sobre la mesa algunas dudas importantes en cuanto a la fiabilidad de las definiciones populares del método científico.

¿Cómo afecta eso a la idea que William James tiene de la fe como "hipótesis de trabajo"? En mi opinión, está claro que el hincapié que James hace sobre la importancia de este tipo de "hipótesis de trabajo" tiene ejemplos de sobra en *El origen de las especies*. La teoría de Darwin tenía muchos puntos débiles y muchos cabos sueltos. Sin embargo, estaba convencido de que, debido a la superioridad explicativa de su acercamiento, esas dificultades eran tolerables. Él creía que su "hipótesis de trabajo" era suficientemente sólida para resistir las muchas dificultades a las que se enfrentaba. Pero, ¿de qué dificultades estamos hablando?

El origen de las especies de Darwin tuvo seis ediciones, y Darwin trabajó constantemente para mejorar el texto añadiendo nuevo material, corrigiendo el material que contenía y, sobre todo, respondiendo a las críticas de un modo extraordinariamente abierto. Los que han hecho un estudio meticuloso recogen que cuando salió la edición final en 1872, Darwin había reescrito tres de cada cuatro de las 4.000 frases que aparecen en la primera edición. Curiosamente, en torno al 60 por ciento de esas modificaciones las hizo para las dos últimas ediciones, en las que introdujo algunas "mejoras" que ahora parecen poco sabias: por ejemplo, la incorporación de la potencialmente engañosa frase de Herbert Spencer "la supervivencia del más fuerte".[16]

Los contenidos de estas ediciones posteriores de *El origen de las especies* dejan claro que la nueva teoría de Darwin recibió críticas desde muchos frentes. Claramente, pues las evidencias históricas así lo demuestran, algunos pensadores cristianos la vieron como una amenaza para la forma en la que ellos habían interpretado su propia fe. Pero también está muy claro, pues las evidencias históricas también lo demuestran, que otros cristianos creyeron que la teoría de Darwin ofrecía nuevas formas de comprender y analizar las ideas cristianas tradicionales. Sin embargo, más importante aún es el hecho de que la teoría de Darwin provocó una polémica entre los científicos, porque muchos científicos de su tiempo tenían dudas en cuanto al fundamento científico de la "selección natural". Si las últimas ediciones del libro sirven de referencia, la teoría de Darwin recibió muchas críticas. No obstante, tal como han constatado los historiadores de la ciencia, en el avance científico eso no es una excepción, sino la norma. La crítica a una teoría es el medio por el cual descubrimos si, por usar un lenguaje darwiniano, tiene el potencial de sobrevivir. La recepción de una teoría científica es un asunto comunitario, y se llega al "punto decisivo" de forma gradual a través de un proceso de debate y reflexión, normalmente asociado a otros programas de investigación. Parece que la teoría de Darwin recibió más oposición de parte de la comunidad científica que de parte de la religiosa, sobre todo porque no ofrecía una explicación convincente de cómo se transmitían las innovaciones a las generaciones futuras.

Un claro ejemplo de esta crítica científica vino de la mano de Fleeming Jenkin, preocupado por la idea de "herencia mezclada".[17] Jenkin era un ingeniero escocés muy implicado en el negocio del desarrollo de los cables telefónicos submarinos, e identificó lo que Darwin veía como un fallo de investigación potencialmente fatal de su teoría. Jenkin señaló que, sobre la base de las interpretaciones existentes de la transmisión hereditaria, cualquier novedad quedaría diluida en las generaciones subsiguientes. Pero la teoría de Darwin dependía de la transmisión de esas características, no de su disolución. Dicho de otro modo, su comprensión de la genética no era sostenible. Darwin respondió a Jenkin en la quinta edición de *El origen de las especies*. La opinión generalizada es que se trata de una respuesta deficiente y muy poco satisfactoria. Pero, ¿cómo iba a ser de otro modo?

La respuesta, claro está, se encontraba en los escritos del monje y científico austríaco Gregor Mendel, conocido como el "padre de la genética moderna". Pero aunque Mendel había oído de Darwin, Darwin no había oído de Mendel. Mendel tenía una copia de la traducción alemana de la tercera edición de *El origen de las especies*, y había marcado el siguiente pasaje con una línea doble en el margen. Claramente, para él era muy importante:[18]

El leve grado de variabilidad en los híbridos desde el primer cruzamiento o en la primera generación, en contraste con la variabilidad extrema que existe en las generaciones sucesivas, es un hecho curioso y merece atención.

Esta curiosidad iba a dejar de ser un misterio, y Mendel bien pudo llenarse de satisfacción ante el pensamiento de que su teoría podía explicar ese "hecho curioso".[19] Sin embargo, la confluencia entre la teoría genética de Mendel y la teoría de la selección natural de Darwin no se daría hasta años después. Aunque Darwin no creía haber solucionado todos los problemas, estaba seguro de que la suya era la mejor explicación. Un comentario que añadió en la sexta edición así lo demuestra:[20]

> *Difícilmente una teoría falsa explicaría los muchos tipos de hechos antes mencionados de forma tan satisfactoria como lo hace la teoría de la selección natural. Recientemente se ha objetado que este método de razonar no es seguro; pero es un método que utilizamos para juzgar los acontecimientos comunes de la vida, y los más grandes filósofos naturalistas lo han utilizado en multitud de ocasiones.*

Aunque reconocía que carecía de pruebas rigurosas, Darwin creía que su teoría era defendible siguiendo los criterios de aceptación y justificación que ya se usaban ampliamente en las ciencias naturales, y que su capacidad explicativa era una buena razón para creer en su veracidad. Como él mismo dijo, estaban los que argumentaban que su "método de razonar no era seguro", pero, anticipando algunas de las ideas de William James, Darwin señala acertadamente que lo utilizamos mucho en situaciones cotidianas. A menudo nos damos cuenta de que confiamos en una forma de pensar, creemos que es verdad, pero no somos capaces de ofrecer las pruebas concluyentes que algunos, como W. G. Clifford en tiempos de Darwin y Richard Dawkins en los nuestros, piensan que son imprescindibles para poder sostener una opinión con integridad.

Darwin era consciente de que su explicación científica carecía del rigor lógico de las demostraciones matemáticas, y de que cualquier explicación teórica de lo observado siempre sería provisional. Esto no es una crítica a Darwin, ni tampoco una crítica a la ciencia. Simplemente constato que así son las cosas. Tengo colegas científicos que creen fervientemente en el multiverso, y otros que creen con la misma pasión, integridad y excelencia intelectual en un solo universo. La evidencia no es inequívoca, y ambas posiciones son sostenibles. Pero ambas, sugiero, no pueden ser verdad. Un día se verá que lo que hoy es verdad para algunos científicos, en realidad no lo era. Pero así es como avanza la ciencia. Y la idea de William James de la fe como una "hipótesis de trabajo" encaja sorprendentemente bien con la teoría y la práctica de la ciencia.

Tal como los historiadores y los filósofos de la ciencia nos siguen diciendo, la idea positivista de que la ciencia demuestra sus teorías queda un poco alejada de la realidad de la práctica científica, y está claro que no se aplica al método científico de Darwin. Las grandes teorías de la física clásica, que para el final de los días de Darwin ya estaban bien establecidas, en el siglo XX fueron sometidas a una revisión completa debido a la aparición de la mecánica cuántica y la teoría de la relatividad. Pero no dejamos de hacer ciencia por si acaso nuestros sucesores demuestran que son erróneas. Y siempre contamos con el consuelo de que las teorías futuras suelen incorporar lo mejor de las teorías anteriores.

¿Y qué podemos decir de la fe religiosa de Darwin? ¿Su teoría de la evolución lo convirtió en un ateo en contra de la creencia religiosa, como algunos sugieren? Tristemente, muchos apelan a Darwin como fuente de autoridad y ejemplo para justificar afirmaciones metafísicas y teológicas que él mismo nunca expresó en su biología evolutiva y con las que nunca se asoció. Afortunadamente, la pregunta fundamentalmente *histórica* sobre la perspectiva religiosa de Darwin es relativamente fácil de responder gracias a que en las últimas décadas muchos investigadores han estudiado a Darwin y su contexto victoriano.[21] El excelente proyecto online llamado *Darwin Project* tiene una sección que reúne las evidencias históricas más importantes, y lo hace de un modo que es, en mi opinión, históricamente objetivo y fiable.[22] Aquí he querido resumir lo mejor que he sabido todo ese extenso material.

En primer lugar, para mí está claro que la fe religiosa de Darwin fue cambiando con el paso del tiempo. Claramente veo cambios en sus contenidos; creo que estoy en lo cierto cuando digo que veo un descenso en su fervor. Veamos los contenidos de esa fe, y para ello empezaremos por sus ideas religiosas tempranas.

No podemos entender al joven Darwin sin ver sus ideas a través de un cristal refractario, moldeado por los escritos de William Paley y otros influenciados por él, como John Bird Summer (1780-1862), que posteriormente llegaría a ser arzobispo de Canterbury. Existe una continuidad física e intelectual entre el joven Darwin y Paley: Darwin no solo vivía en la habitación en la que Paley había vivido antes que él en Christ College, Cambridge; Darwin habla de forma entrañable de la obra clásica de Paley *Natural Theology*, que, como hemos visto, en muchos sentidos define la posición que más adelante cree que debe rechazar. Las descripciones detalladas que Paley hace de las adaptaciones que encontramos en plantas y animales, como la del ojo humano, se volvieron normativas para Darwin. Puede que Darwin exagerara un poco al decir que había memorizado la obra de Paley; aunque sí encontramos muchos ecos de la obra de Paley a lo largo de todo el volumen de *El origen de las especies*. Stephen Jay Gould ha señalado que la afirmación de Darwin sobre su principio de la selección natural está en deuda con el lenguaje y el simbolismo de los escritos de Paley, aunque Darwin más adelante llegaría a conclusiones muy diferentes.[23]

Vemos que Darwin adoptó de Paley el cargado término "artificio" para usarlo en una de sus obras que habla de los métodos de fertilización de las orquídeas. El libro *La fecundación de las orquídeas* apareció en 1862, poco después de la aparición de *El origen de las especies*. Aunque no tuvo demasiado éxito comercial, tenía el potencial de contribuir de forma significativa al debate sobre las implicaciones de la teoría de Darwin para la teología natural. El distinguido botánico de EE.UU. Asa Gray (1810-1888) dijo que "si el libro sobre las orquídeas (con alguna que otra omisión sin importancia) hubiera aparecido antes de 'El origen', los teólogos naturales habrían canonizado a su autor, en lugar de tenerlo por anatema". Ciertamente, en la revista *Literary Churchman* solo hubo una crítica al libro: que la expresión de admiración de Darwin ante los "artificios" vistos en las orquídeas era una manera innecesariamente indirecta de decir "¡Oh, Señor, cuán numerosas son tus obras!".[24]

No debería sorprendernos que muchos teólogos naturales creyeran que Darwin había rescatado la teoría de Paley, porque al rectificar una premisa incorrecta y finalmente fatal, la había puesto sobre un fundamento intelectual más firme. Charles Kingsley, entonces canónigo de Westminster Abbey, fue uno de los que tomó esa posición. En su discurso de 1871 titulado "On the natural Theology of the Future" [Sobre la teología natural del futuro], Kingsley describió la obra de Darwin sobre las orquídeas como "una valiosísima aportación a la teología natural".[25] Insistió en que la palabra "creación" hacía referencia tanto al proceso como a los eventos puntuales, y a continuación argumentó que la teoría de Darwin clarificaba el mecanismo de la creación. "Hace tiempo que sabíamos que Dios era tan sabio que podía crear todas las cosas; ¡pero fijaos, es aún más sabio, pues puede hacer que todas las cosas se creen a sí mismas!".[26] Donde Paley veía una creación estática, Kingsley dijo que gracias al trabajo de Darwin podíamos ver que la creación era un proceso dinámico, dirigido por la providencia divina. Pero como quedó claro más adelante, Darwin no siguió teniendo la misma confianza que Kingsley tenía en la teología natural de Paley. Sin embargo, es importante recalcar que la angustia intelectual de Darwin ante la visión de Paley es anterior a sus reflexiones sobre la selección natural, y fue más bien de carácter religioso y no tanto de carácter científico. Ahora mismo lo explico.

La perspectiva que Paley tiene de la naturaleza es optimista y positiva. La naturaleza está llena de evidencias de la sabiduría divina. Entonces, ¿cómo se explica el mal o el sufrimiento? Kingsley creía que estos tenían cabida en la visión de Paley sobre la teología natural.[27] Sin embargo, los viajes de Darwin en el Beagle lo convirtieron en testigo de sucesos que cuestionaban su creencia en la providencia divina. Por ejemplo, en Sudamérica fue testigo de la terrible lucha por sobrevivir a la que se enfrentaban los nativos de Tierra del Fuego; vio los devastadores efectos de un terremoto; y empezó a vislumbrar la enorme cantidad de especies que se habían extinguido, especies que, según Paley, Dios, en su providencia, había creado y llenado de valor. Podemos ver aquí los inicios del deterioro de la fe en la providencia divina que caracterizaría posteriormente a Darwin. Si puede decirse que tuvo una crisis de fe, hablaríamos de la muerte de su hija Annie en 1851, con tan solo diez años. Según James Moore, biógrafo de Darwin, ese suceso fue el punto de inflexión de sus convicciones religiosas.[28] Pero los orígenes de ese cambio en sus creencias se remontan a años antes.

Esto nos lleva a nuestro segundo punto. No hay duda de que las creencias religiosas de Darwin se alejaron mucho de lo que podríamos llamar la "ortodoxia cristiana". Sin embargo, no encontramos en él nada remotamente parecido a la forma de ateísmo agresivo que tristemente caracteriza a algunos de los que se presentan a sí mismos como sus abanderados. Muchos han elogiado la presciencia y neutralidad sosegada de *El origen de las especies*, destacando su olímpica objetividad política y social, y su escrupulosa neutralidad religiosa. Para saber más sobre las fluctuaciones en sus creencias religiosas con el paso del tiempo y su reticencia a opinar sobre cuestiones religiosas, así como sobre sus propias creencias personales, hemos de recurrir a sus cartas. Aunque, cuando el contexto lo exigía, Darwin parece haber estado dispuesto no solo a afirmar públicamente, sino a enfatizar, la consiliencia de la fe religiosa y la teoría de la selección natural.

Ilustrar esto de forma detallada sería tedioso. Encontramos un ejemplo representativo en su referencia a "las leyes que el creador ha fijado en la materia", expresión que tiene mayor protagonismo en la segunda edición de *El origen de las especies* que en la primera.[29] Esto apunta claramente a un Dios deísta, en lugar de a un Dios trinitario. Pero para nada apunta al ateísmo. Aunque algunos argumenten que Darwin hizo que fuera posible ser ateo intelectualmente hablando, el mismo Darwin no llegó a esa conclusión. Me cuesta mucho creer que las referencias a un creador que aparecen en *El origen de las especies* estuvieran pensadas para apaciguar a sus lectores, y que no eran más que un engaño para enmascarar su ateísmo por temor a que su teoría quedara desacreditada ante los ojos del público religioso.

Mi interpretación de las evidencias es que Darwin veía las creencias religiosas como un asunto privado, y era reacio a hablar de sus propios compromisos religiosos. Sin embargo, la necesidad de la situación con frecuencia le obligaba a decir algo. En mi opinión, la evidencia apunta a un Darwin que acabó hablando de sus creencias aunque hubiera preferido no hacerlo; y no a un Darwin que se inventó creencias como táctica para conseguir sus propósitos.

El tema central de este capítulo ha sido la creencia de Darwin de que su teoría de la selección natural ofrecía la mejor explicación de lo que observamos en el mundo natural vivo. No es correcto afirmar que la ciencia solo cree en lo que ha sido probado empíricamente. Hay momentos en los que la inferencia es necesaria, en los que se postula una hipótesis (por ejemplo, un "eslabón perdido" o un ente no observado, tal como la "selección natural") como la "mejor explicación" de los hechos conocidos o de las observaciones establecidas. Esta norma de razonamiento científico está totalmente aceptada y no es controvertida.

No obstante, es importante notar que el mismo proceso también se da en el pensamiento religioso, que también pretende dar la mejor explicación de lo que observa. Citamos de nuevo a William James, que dice que la fe religiosa es básicamente "fe en la existencia de un orden invisible que explica los enigmas del orden natural".[30] Aunque algunos insisten en retratar la creencia religiosa como algo irracional, el hecho es que sus defensores aseguran que es sumamente razonable. Cualquier teísmo filosófico clásico o teología natural propondrá a Dios como la mejor explicación de las cosas.

Tanto las ciencias naturales como las religiones ofrecen lo que ven como una explicación del mundo fiable, coherente y justificada. Como hemos visto, Darwin creía firmemente que la capacidad explicativa de su teoría era tal que podía coexistir con algunas anomalías y posibles amenazas. Esto nos recuerda que tanto las teorías religiosas como las científicas se enfrentan a misterios, enigmas y anomalías que pueden dar lugar a tensiones intelectuales o existenciales, pero que no nos obligan a abandonarlas. En el caso del cristianismo, diría que la mayor anomalía es la existencia del dolor y del sufrimiento.[31] No obstante, creo que la teoría es lo suficientemente grande para finalmente poder abrazar y acomodar esa anomalía, aunque la forma de solucionarla parezca poco clara en el presente. Realmente, no podemos decir que la teoría de Darwin y la teología cristiana tienen la capacidad de "predecir". Pero, aunque haya entre ambas algún punto de tensión, sí encajan con lo que conocemos del mundo.

Para resaltar la importancia teológica de este paralelismo, consideremos dos escenarios. Como hemos visto, Darwin sostenía que las ideas presentadas en *El origen de las especies* ofrecen una explicación magnífica y profundamente convincente de la diversidad de formas de vida que encontramos en la tierra. Sin embargo, en este camino encontramos muchas dificultades. ¿Cómo pudo transmitirse el cambio de una generación a otra? Darwin ofreció una explicación sobre cómo llegaron a existir las diferentes especies. Aunque la especiación, la formación de nuevas especies por la acumulación de mutaciones, nunca se había demostrado en la vida real ni en ningún laboratorio, Darwin se aferró a la teoría, creyendo que su capacidad explicativa y coherencia son suficientes para justificarla y que llegaría el día en que las dificultades quedarían resueltas.

Consideremos ahora el caso de un cristiano que sostiene que una cosmovisión teísta, especialmente una que pueda explicar la doctrina de la encarnación, ofrece una explicación de las cosas convincente y atractiva. El tema del sufrimiento en el mundo sigue siendo un problema, y en ocasiones le perturba considerablemente. Sin embargo, se aferra a su fe, creyendo que su capacidad explicativa y coherencia son suficientes para justificarla y que llegará el día en que las dificultades quedarán resueltas.[32] En ambos casos, tenemos una estructura común: una explicación con anomalías, anomalías que, según sus partidarios, no ponen en peligro la teoría, sino que son misterios que se resolverán en algún momento en el futuro. Ninguna de las teorías predice; ambas encajan con aquello que podemos observar. Al celebrar a Darwin, también confirmamos la posibilidad de creer en una teoría, una forma de explicar las cosas o "hipótesis de trabajo" que no está confirmada y que probablemente no podremos confirmar, pero que se considera creíble.

La cuestión que quiero recalcar es que una teoría con suficiente capacidad explicativa se ha ganado el derecho de coexistir con observaciones que no acaban de encajar con dicha teoría, y que a veces incluso parecen estar en conflicto con ella. Al final, algunas teorías mueren porque no son capaces de lidiar con esas anomalías. Darwin lo sabía; y también creía que su teoría sí podría hacerles frente, a pesar de que la vindicación final de su teoría aún no había tenido lugar. Me atrevo a sugerir que podemos decir lo mismo del cristianismo, que afirma que en el presente vemos las cosas de manera indirecta y velada, como en un espejo (1 Corintios 13:12), pero se regocija porque un día podremos ver con la claridad que solo encontraremos en la nueva Jerusalén.

Para finalizar este capítulo, citaré algunas palabras de la primera edición de *El origen de las especies*, que aparecen también en las ediciones siguientes. En un momento en el que se detiene para dejar que sus lectores le den alcance, Darwin pone el fundamento de su argumento de que su nueva teoría puede coexistir con anomalías y contradicciones aparentes. Creo firmemente que estas palabras se aplican por igual a la visión cristiana de la realidad.[33]

Al lector se le habrán ocurrido multitud de dificultades. Algunas son tan serias, que a día de hoy sigo perplejo cada vez que reflexiono sobre ellas; pero, a mi entender, la mayor parte son solo aparentes, y las que son reales no son, creo yo, dañinas para mi teoría.

9

Agustín de Hipona sobre creación y evolución

Las celebraciones que tuvieron lugar en 2009, año de Darwin, sacaron a la luz muchas cuestiones religiosas, entre ellas, la forma en la que había que interpretar los relatos de la creación que aparecen en el Antiguo Testamento. Muchos cristianos asumen que la larga tradición eclesial de exégesis bíblica fiel siempre ha visto los relatos bíblicos de la creación como relatos históricos puros y duros de cómo todo llegó a existir. Pero de hecho, la realidad es mucho más interesante, y en este capítulo veremos por qué.

He hablado varias veces de uno de los eruditos bíblicos cristianos tempranos más respetados, Agustín de Hipona (354-430). Agustín interpretó las Escrituras 1.000 años antes de la "revolución científica" de nuestro periodo moderno, y 1.500 años antes de que Darwin publicara *El origen de las especies*. Así que nadie puede decir que Agustín "adaptó" o "comprometió" su interpretación bíblica para que encajara con las nuevas teorías del *big bang* o la selección natural. Él interpretó las Escrituras tal cual, de forma fiel y cuidadosa. De hecho, incluso criticó a aquellos que intentaron adaptar su interpretación bíblica a las últimas teorías científicas. Lo importante para él era dejar que las Escrituras hablaran por sí solas.

Agustín luchó con Génesis 1 y 2 durante toda su vida. En sus escritos, encontramos al menos cuatro puntos en los que intenta desarrollar una explicación sistemática y detallada de cómo deben entenderse estos dos capítulos. Cada uno de ellos es sutilmente diferente. Aquí me gustaría considerar su *Interpretación literal del Génesis*, escrito entre 401 y 415. Agustín quiso hacer un comentario "literal" (es decir, "el sentido que el autor original tenía en mente").

En su lectura de las Escrituras, Agustín discierne los siguientes temas, y los une entre sí y con el relato de la creación. Dios lo creó todo en una sola creación. Sin embargo, el orden creado no es estático. Dios lo dotó con la capacidad de desarrollarse. Para ayudar a sus lectores a entenderlo, Agustín usa la imagen de una semilla dormida. Dios crea las semillas, que crecerán y se desarrollarán cuando sea el momento adecuado. Usando un lenguaje más técnico, Agustín les pide a sus lectores que imaginen que el orden creado contiene causalidades divinamente incrustadas que emergen y evolucionan en un estadio posterior. No obstante, Agustín no habla de cambios arbitrarios o aleatorios en la creación. El desarrollo de la creación de Dios siempre está sujeto a la providencia soberana de Dios. El Dios que plantó las semillas en el momento de la creación también gobierna y dirige el tiempo y el lugar de su crecimiento.

Agustín argumenta que el primer relato de la creación que encontramos en Génesis (1:1-2:3) no puede interpretarse de forma aislada, sino que debe verse a la luz del segundo relato de la creación (2:4-25), y de todas las demás referencias a la creación que aparecen en el resto de las Escrituras. Por ejemplo, Agustín sugiere que el Salmo 33:6-9 habla de una creación del mundo instantánea a través de la palabra creadora de Dios, mientras que Juan 5:17 apunta a un Dios que aún está activo en la creación. Dios creó el mundo en un instante pero continúa desarrollándolo y moldeándolo, incluso hasta el día de hoy. Esto lleva a Agustín a sugerir que los seis días de la creación no deben entenderse de forma cronológica. Nos ofrecen un marco para clasificar los elementos del mundo creado, para que los podamos entender y apreciar mejor.

A Agustín le preocupaba, y mucho, que los intérpretes bíblicos interpretaran la Biblia según los supuestos científicos de su era. Y eso es precisamente lo que ocurrió durante la polémica copernicana a finales del siglo XVI. Los intérpretes bíblicos, que ya sostenían que el sol giraba alrededor de la tierra, leyeron la Biblia a la luz de este supuesto. Como cabe esperar, se creía que la Biblia respaldaba una visión geocéntrica del sistema solar. Algunos líderes de la iglesia erróneamente interpretaron los desafíos a esa idea errónea del siglo XVI como un desafío a la autoridad de la Biblia misma. Obviamente, no lo era; era un desafío a una interpretación concreta de la Biblia: una interpretación que, de hecho, requería una revisión urgente.

Agustín anticipó esa situación un milenio antes. Él insistía en que algunos pasajes bíblicos pueden entenderse legítimamente de maneras diferentes. Lo importante es que esas interpretaciones no se casen con teorías científicas del momento. Si lo hacen, la Biblia se convierte en prisionera de lo que en un momento dado se ve como científicamente cierto.

En cuestiones que son complejas y no alcanzamos a comprender, encontramos en las Sagradas Escrituras pasajes que se pueden interpretar de formas muy distintas sin perjudicar la fe que hemos recibido. En esos casos, no deberíamos precipitarnos y posicionarnos enérgicamente, no vaya a ser que algún avance posterior debilite nuestra posición y caigamos con ella.

El acercamiento de Agustín hizo que la teología no quedase atrapada en una cosmovisión precientífica. Es importante entender que sufrió una gran presión cultural a adaptar sus interpretaciones bíblicas al pensamiento del momento. Por ejemplo, muchos científicos destacados de la era clásica tardía creían que la visión cristiana de la creación *ex nihilo* (de la nada) era un completo sinsentido. Claudius Galen (129-200), el conocido médico del emperador romano Marco Aurelio, dijo que era un absurdo lógico y metafísico. Agustín era consciente de la resistencia de su cultura a esta idea, pero creía que los textos bíblicos le obligaban a defenderla. Era una parte integral del entramado de la doctrina cristiana, un conjunto coherente de ideas entrelazadas.

Esta doctrina de la "creación a partir de la nada" tiene algunas implicaciones importantes. Por ejemplo, Agustín argumenta que la Escritura enseña que el tiempo es parte del orden creado. Dios creó el espacio y el tiempo, por lo que el tiempo es una de las criaturas y sirvientes de Dios. El tiempo es un elemento del orden creado; la atemporalidad, por otro lado, es la característica esencial de la eternidad.

Así que, ¿qué estaba haciendo Dios antes de crear el universo? Agustín le quita importancia a la pregunta señalando que Dios no hizo la creación en un momento concreto del tiempo, porque antes de la creación el tiempo no existía. Para Agustín, la eternidad es un terreno sin espacio ni tiempo. Curiosamente, esa es precisamente la situación que muchos científicos creen que existía antes del *big bang*.

¿Cuáles son, pues, las implicaciones de esta interpretación clásica del Génesis para el año de Darwin? Hay algo que es particularmente obvio. La exégesis que Agustín hace del Génesis muestra que una interpretación "fiel" o "auténtica" de los textos bíblicos de la creación no necesariamente recoge que la creación se dio en un periodo de seis días. Agustín argumenta que el capítulo introductorio de Génesis debe verse en su contexto: inicialmente junto al capítulo 2 y, posteriormente, en el contexto de toda la Escritura. Para

Agustín, la gran pregunta es esta: ¿Qué explicación de la doctrina de la creación encaja con *todas* las afirmaciones bíblicas sobre el tema, no simplemente con el primer capítulo de Génesis? Su respuesta obviamente no es la última palabra sobre la cuestión, pero es un excelente punto de partida para nuestra reflexión. Sobre todo, muestra la importancia de conectar todo el testimonio de las Escrituras para formar una doctrina coherente de la creación, en lugar de limitarnos a las primeras docenas de versículos de la Biblia.

Agustín no limita la acción creadora de Dios al acto primordial de la creación. Él insiste en que Dios sigue obrando en el mundo, dirigiendo su desarrollo continuado y desplegando su potencial. En la creación hay "dos momentos": un acto primordial de creación, y un proceso continuado de guía providencial. Por tanto, la creación no es un acontecimiento pasado completado. Agustín escribe que Dios está obrando incluso ahora, en el presente, sustentando y dirigiendo el despliegue de las "generaciones que puso en la creación cuando la llevó a cabo".

Esta perspectiva doble de la creación nos permite leer el Génesis de un modo que afirma que Dios creó todo de la nada, en un instante. Sin embargo, también nos ayuda a afirmar que el universo ha sido creado con la capacidad de desarrollarse, bajo la guía soberana de Dios. Por tanto, el estado primordial de la creación no se corresponde con el que ahora observamos. Para Agustín, Dios creó un universo que fue diseñado de forma deliberada para desarrollarse y evolucionar. El plan para esa evolución no es arbitrario, sino que así ha sido programada la creación. La providencia de Dios dirige el despliegue continuado del orden creado.

Algunos autores cristianos tempranos señalaron que el primer relato del Génesis sobre la creación dice que la tierra y las aguas "dieron lugar" a criaturas vivas. Llegaron a la conclusión de que eso significaba que Dios había dotado al orden natural con la capacidad de generar seres vivos. Agustín lleva esta idea más lejos: Dios creó el mundo completo con una serie de poderes dormidos, que la providencia divina materializa en su debido momento. Agustín argumenta que Génesis 1:12 significa que la tierra recibió el poder o la capacidad de producir cosas por sí misma: "Las Escrituras dicen que la tierra dio lugar a las cosechas y a los árboles causalmente, en el sentido de que recibió el poder para crearlos".

Algunos ven la creación como la inserción por parte de Dios de nuevos tipos de plantas y animales ya creados en un mundo ya existente, pero Agustín rechaza esta idea por no ser coherente con el testimonio total de las Escrituras. Según él, hemos de pensar que en aquel primer momento Dios creó la energía de todos los seres vivos que llegarían a existir, incluida la humanidad.

Esto significa que el primer relato de la creación describe la creación instantánea de la materia primigenia, incluyendo los recursos causales que provocarían el desarrollo posterior. El segundo relato explora la forma en la que esas posibilidades causales emergieron y se desarrollaron a partir de la tierra.

Si los unimos, estos dos relatos de la creación declaran que Dios creó el mundo de forma instantánea, mientras que concibió que los distintos tipos de seres vivos aparecerían de forma gradual con el paso del tiempo, tal como su creador lo planeó.

La imagen de la "semilla" significa que la creación original contenía en sí misma el potencial de que todos los tipos de seres vivos emergieran posteriormente. Esto no quiere decir que Dios creara el mundo incompleto o imperfecto, ya que "lo que Dios estableció originalmente en forma de causas, posteriormente lo materializó". Agustín declara que este proceso de desarrollo está gobernado por leyes fundamentales que reflejan la voluntad de su creador: "Dios ha establecido leyes fijas que gobiernan la producción de tipos y cualidades de seres, y que los saca del soterramiento a la visibilidad total".

Llegado este punto, debo enfatizar que ni Agustín ni la gente de su tiempo creían en la evolución de las especies. En aquel entonces, no había razones para creer en esa idea. Sin embargo, Agustín desarrolló un marco teológico que podía dar cabida a ese desarrollo científico posterior, aunque sus compromisos teológicos le hubieran impedido aceptar la idea del desarrollo del universo como un proceso aleatorio y anárquico. Por esta razón, Agustín se habría opuesto a la estricta idea darwiniana de las variaciones aleatorias, insistiendo en que no podíamos dejar de lado la providencia de Dios, que dirige un proceso de maneras que están más allá de la comprensión humana.

En cuanto a esto, debemos ser claros: Agustín no está jugando a ser científico. Ni tampoco confunde la ciencia con la teología. Agustín no contradice la explicación científica de los orígenes, sino que la ubica dentro de un marco teológico. El análisis científico clarifica cómo se da el desarrollo cósmico; el marco teológico de Agustín clarifica cómo Dios está involucrado en ese desarrollo.

La aproximación de Agustín a la creación no es liberal, ni tampoco acomodaticia, sino que es profundamente bíblica, tanto en contenidos como en intenciones. Los cristianos deberían tenerla en cuenta cuando reflexionan sobre los temas de creación y evolución. Hablar de estos temas con eslóganes y fanfarronería no nos llevará a ningún lado. En cambio, examinar la larga tradición de exégesis bíblica sí será de mucha utilidad.

10

¿La religión lo envenena todo?

El nuevo ateísmo y la creencia religiosa

¿La religión es intrínsecamente mala? La visión que Richard Dawkins afirma con un entusiasmo casi religioso en su libro *El espejismo de Dios*[1] ha logrado extenderse en los últimos años. Christopher Hitchens la repitió enérgicamente en su libro *Dios no es bueno. Alegato contra la religión.*[2] Él dice que "la religión lo emponzoña todo", mensaje muy cargado que atrae a cierto tipo de racionalistas liberales de clase media. Las cosas que van mal en el mundo son culpa de supersticiones retrógradas que hacen que el mundo no avance como debería hacia su destino racional y científico. Eliminemos la religión y el mundo será un lugar mejor. La religión solo ha traído violencia, deshonestidad intelectual, opresión y división social.

Está claro que estas actitudes son consecuencia del metarrelato controlador característico del nuevo ateísmo. En el nivel filosófico, sostienen que la austeridad metafísica es un indicador de veracidad, y que todas las "creencias faltas de evidencias" son una "fe ciega" engañosa. En el nivel sociológico, sostienen que la religión divide a la sociedad y lleva a la opresión y a la violencia. En el nivel personal, sostienen que los que tienen una creencia religiosa viven engañados y son un peligro potencial para la sociedad en general. Este metarrelato simplista solo se sostiene atentando contra los hechos históricos, las normas sobre los argumentos basados en evidencias y las realidades de la experiencia contemporánea. Hitchens logra esta hazaña, pero para ello tiene que ignorar cualquier evidencia que le lleve la contraria, y ocultar las muchas grietas de su "argumento" con una retórica agresiva que intimida a aquellos que desean cuestionarle basándose en fundamentos históricos y racionales.

Pero al parecer, el aspecto de la crítica de los nuevos ateos a la religión que más ha calado en la sociedad es el aspecto sociológico. Según el nuevo ateísmo, la religión es necesaria e intrínsecamente peligrosa, venenosa y mala. Esta idea que parece casi un titular es perfecta para una cultura obsesionada con los medios que prefiere eslóganes llamativos a un análisis serio. Además, a un nivel quizá subconsciente, responde a los miedos de muchos occidentales. Los ataques suicidas perpetrados por fanáticos musulmanes contra el World Trade Center de Nueva York y otros puntos, a los que ahora nos referimos como el 11S, se consideran una muestra clarísima de que la religión es intrínsecamente nociva. Cualquier persona religiosa es un terrorista en potencia. Deshagámonos de la religión, y el mundo será un lugar más seguro.

Este tipo de generalizaciones abundan en *El espejismo de Dios* de Richard Dawkins, en *Dios no es bueno* de Christopher Hitchens, y *El fin de la fe* de Sam Harris.[3] Harris ofrece su propia interpretación de los principales textos religiosos, como la Biblia y el Corán, para demostrar que tienen una propensión innata para generar violencia. Sin embargo, no hace ningún intento de analizar cómo se interpretan y se aplican esos textos en sus comunidades religiosas respectivas.

Por ejemplo, Dawkins dice que tomar la Biblia en serio es "observar el *sabbath* de forma estricta y pensar que es justo y necesario ejecutar a quien no lo haga". O "ejecutar a los niños desobedientes".[4] Es un hecho por todos conocido que los cristianos no interpretan, y no han interpretado, estos mandatos del Antiguo Testamento como vinculantes para la iglesia. Dawkins parece asumir que sus alienados lectores conocen tan poco el cristianismo que creerán que los cristianos tienen el hábito de lapidar a la gente si trabajan en domingo. Algunos necesitan bajar de las nubes.

Además, el nuevo ateísmo simplemente asume, sin una argumentación seria ni evidencias, que la cosmovisión naturalista propuesta para remplazar a la religión generará más felicidad, compasión y paz que la religión generó. *El fin de la fe* de Sam Harris nos ofende con la curiosa y problemática idea de que los científicos tienen una apreciación más aguda y profunda de cómo enfrentar los problemas personales y morales que la gente religiosa. La fuerza de su retórica es tal que logra esconder el déficit de evidencias.

Entonces, ¿qué hay de "nuevo" en el nuevo ateísmo? El lector ingenuo podría pensar que este movimiento ha descubierto nuevas evidencias científicas o nuevos argumentos filosóficos que demuestran que Dios es una creación arbitraria y sin sentido de la mente humana. Pero es muy fácil ver que no presentan ningún razonamiento nuevo. Lo que han hecho es reciclar los viejos, conocidos y gastados argumentos del pasado, y hacer un refrito. Lo novedoso es la agresividad de su retórica, que a menudo degenera en una actitud bravucona e intimidatoria. Esa actitud tiene el objetivo de ocultar las lagunas obvias en cuanto a evidencias y argumentos que son características de este movimiento. Pero lo que provoca es que, sumado a su falta de seriedad intelectual, muy poca gente se tome en serio el ateísmo. Por ejemplo, es muy fácil demostrar que las raíces del ateísmo de Dawkins son superficiales, poco maduras y extremadamente vulnerables.[5]

Analicemos con mayor detenimiento su afirmación central de que la religión es nociva. Esta afirmación ha calado de tal forma en la cultura que aquellos que la defienden suelen dar por sentado que es cierta, y que no hace falta demostrarlo. En mi opinión, esto nos dice más de los sesgos y prejuicios culturales contemporáneos que de la religión. De hecho, al final no es más que un artículo de fe, una creencia que solo se sostiene por un uso selectivo de las evidencias, y está muy cerca de ser una manipulación de la historia con el fin de imponer una agenda atea agresiva.

Como expliqué anteriormente, cuando yo era ateo, las cosas parecían estar muy claras. Como crecí en Irlanda del Norte, famosa a finales de los 60 por las tensiones y la violencia religiosa, me parecía obvio que si la religión no hubiera existido, no habría habido violencia religiosa. Me creí la visión ilustrada, ahora ya obsoleta, de que la humanidad era inocente y no inclinada a la violencia hasta que apareció la religión. Una visión, por cierto, que los manifiestos del nuevo ateísmo recogen sin ningún espíritu crítico. Si nos deshacemos de la religión, la humanidad podría redescubrir una era dorada de razón y tolerancia. Esta idea está muy presente, sobre todo, en *Dios no es bueno* de Hitchens.

Es una idea formidable, que además sirve para elaborar un buen discurso. Pero a la luz de las evidencias es insostenible; es como creer en Papá Noel o en el Ratoncito Pérez. Una creencia central del nuevo ateísmo, que una y otra vez pretenden presentar como un hecho científico, es que la religión es la causa de todos los males que aquejan a la humanidad. Pero, ¿qué evidencias hay para sostener esta afirmación?

"Religión" como falso universal

La idea es simple: "la religión" no es un concepto universal. Existen religiones concretas. Pero "la religión" como concepto no existe. La Ilustración se caracteriza por su amor por los universales, y por eso hablaban de la idea de una razón humana universal, cuyas características fundamentales eran independientes de la historia y la cultura. Para la Ilustración, esta razón humana universal podía ser la base para una filosofía y una ética global y verdadera, que dejaría atrás las supersticiones irracionales, viéndolas como reliquias de un pasado bárbaro. Al final, se vio que esta noble idea era inviable, ya que se descubrió que los patrones de razonamiento estaban mucho más condicionados por la cultura de lo que se había pensado en un principio.

La idea central es que la Ilustración, comprensible aunque erróneamente, había entendido "la religión" como una categoría universal. Durante el periodo de la expansión colonial, muchos europeos se encontraron con cosmovisiones que diferían de la suya, y decidieron etiquetarlas como "religiones". De hecho, muchas de ellas eran más bien filosofías de vida, como el confucianismo. Algunas ni siquiera mencionaban a una divinidad. Sin embargo, la creencia ilustrada de un concepto universal llamado "religión" les obligó a meterlas a todas en el mismo saco. Cada vez más estudiosos están de acuerdo en que las definiciones de religión tienden a reflejar las agendas y los sesgos de aquellos que las proponen. Aún no se ha dado con una definición de "religión" que convenza al mundo académico.[6] La filósofa inglesa Mary Midgley argumentó que la evolución, tal como Richard Dawkins y otros la desarrollan, también se ha convertido en un sistema de creencia religiosa.[7]

La religión pertenece claramente a lo que el filósofo Donald Brown llama "los universales de clasificación", y no a los "universales de contenido".[8] Los "universales de contenido" tienen creencias centrales compartidas; los "universales de clasificación", por su lado, comparten algunos patrones, pero no necesariamente creencias concretas. Sus líneas fronterizas son borrosas y no tienen convicciones centrales fácilmente distinguibles.

Por estas razones, recientemente muchos son los que han criticado este acercamiento profundamente problemático, que está detrás de los acercamientos "pluralistas" a la religión y también detrás del ateísmo.[9] En sus formas más naíf, el pluralismo sostiene que todas las religiones son respuestas igualmente válidas ante la misma realidad divina; en sus formas más simples, el nuevo ateísmo sostiene que todas son respuestas igualmente inválidas e ilusorias ante una no realidad ficticia. En realidad, el concepto impreciso "religión" no solo engloba a aquellos que creen en Dios, sino que acoge un amplio abanico de creencias y valores.

Religiones y cosmovisiones

También es de vital importancia distinguir entre "religión" y "cosmovisión". Es una distinción que los nuevos ateos en particular no alcanzan a ver ni defender. Tanto las religiones (p. ej., el cristianismo) como las cosmovisiones seculares (p. ej., el marxismo) exigen la lealtad de sus seguidores. Las cosmovisiones más exitosas incorporan elementos religiosos, incluso aquellas que son fundamentalmente seculares (p. ej., el uso en la Unión Soviética de rituales casi religiosos para señalar eventos esencialmente seculares).

El historiador Martin Marty, ante la falta de una definición de religión que sea viable, identifica cinco "rasgos" que, en su opinión, son característicos de la religión. Dice además que los cinco también son característicos de los movimientos políticos.[10] Es razonable decir que, si la religión es peligrosa, entonces la política también lo es. Puede haber (y hay) fanáticos políticos, del mismo modo que puede haber (y hay) fanáticos religiosos. El problema es el fanatismo, no la religión o la política. El tono agresivo de la crítica que el nuevo ateísmo hace de la religión sugiere que el fanatismo no solo está en las filas de los que defienden la religión.

El nuevo ateísmo, obviamente, argumenta que las cosmovisiones religiosas ofrecen motivaciones para la violencia que no encontramos en ninguna otra cosmovisión: por ejemplo, la idea de entrar en el paraíso después de cometer un ataque suicida. Sin embargo, su conclusión es precipitada, pues es necesario hacer una matización cuidadosa. Para Harris y Hitchens, es obvio que la creencia religiosa conduce directamente a cometer ataques suicidas. Es una visión que los lectores seculares menos críticos de Hitchens aplaudirán, siempre y cuando no hayan leído los estudios empíricos de por qué la gente se ve impelida a cometer ataques suicidas.[11] Incluso Dawkins se muestra cauteloso y sugiere que la religión podría no ser el único factor.

Como Robert Pape mostró en su estudio definitivo sobre las motivaciones detrás de esos ataques, estudio basado en publicaciones sobre todos los casos de ataques suicidas conocidos desde 1980, la creencia religiosa no parece ser una condición necesaria ni una condición suficiente para crear un terrorista suicida.[12] El famoso "chaleco suicida", por ejemplo, fue inventado por Tamil Tigers en 1991, lo que provocó que su grupo étnico cometiera una gran cantidad de ataques suicidas. El análisis que Pape hace de las evidencias sugiere que, al parecer, la motivación fundamental de los ataques suicidas es política, no religiosa; es decir, el deseo de forzar la retirada de fuerzas extranjeras que ocupan la tierra que pertenece a un pueblo oprimido, que tiene pocos recursos militares.

El nuevo ateísmo ofrece una explicación superficial de los ataques suicidas, diseñada para alimentar las ansiedades culturales por el agudizado perfil religioso de los Estados Unidos y de muchas partes del mundo. Pero no es un análisis serio, y no ayuda a comprender las causas que provocan los ataques ni a dilucidar qué se puede hacer para evitarlos. Simplemente los usan como parte de una apologética atea ordinaria, en lugar de tomarlos en serio y verlos como un fenómeno social y cultural. Afortunadamente, hay muchos estudios rigurosos, sobre todo desde una perspectiva antropológica (incluyendo la importante obra de Scott Atran de la Universidad de Michigan),[13] que apuntan en direcciones más realistas y fundamentadas. Para Atran, la forma de detener los ataques suicidas no es condenar la religión, mucho menos suprimirla, sino empoderar a los religiosos moderados.

Como apunta Richard Wentz, el problema realmente es al absolutismo.[14] La gente crea y sostiene absolutos por miedo a sus propias limitaciones, y la gente reacciona con violencia cuando los demás no les aceptan. Puede que en la religión haya una tendencia hacia el absolutismo, pero encontramos la misma tendencia innata en cualquier intento humano de buscar o crear sentido, especialmente cuando este se ve cuestionado. Por tanto, el problema no está en las ideas o valores, sino en la dedicación (o el fanatismo) de aquellos que las siguen.

Ateísmo y modernidad

Como veremos en el capítulo 11, el nuevo ateísmo es un ejemplo clarísimo de metarrelato moderno: una visión totalizadora de las cosas, encadenada a la cosmovisión ilustrada. El nuevo ateísmo quiere hacernos regresar a lo que presenta como el racionalismo y la cordura de la Ilustración. Pero no responde a las muchas críticas contemporáneas que se le han hecho al racionalismo ilustrado. Es muy fácil defender una posición cuando uno ignora las críticas que le han hecho. El nuevo ateísmo se descalifica a sí mismo por la explicación híper sesgada y claramente errónea que hace de la religión; pero esa no es la única característica criticable, pues es bien sabido que no es capaz de reconocer los errores evidentes de sus propuestas positivas.

Los críticos filosóficos y culturales de la Ilustración han demostrado que el nuevo ateísmo no se sostiene intelectualmente hablando, y que es claramente intolerante con otras cosmovisiones a las que acusa de "irracionales". Los críticos explican que la modernidad creó un contexto intelectual que legitima la supresión de lo que considera creencias aberrantes o "irracionales". El nuevo ateísmo es completamente moderno, y condena el posmodernismo precisamente porque cuestiona y socava sus supuestos fundamentales.

El nuevo ateísmo aboga por un "regreso a la Ilustración", pero sin confrontar el lado oscuro de la modernidad. ¿En qué parte de los manifiestos del movimiento encontramos siquiera un intento de lidiar con la idea expuesta por Adorno y Horkheimer de que el totalitarismo del siglo XX bebe de la Ilustración europea, concretamente de su visión totalizadora y supuestamente instrumental de la razón?[15] La Ilustración que el nuevo ateísmo nos pide aceptar como modelo de tolerancia y excelencia recibe las críticas de los pensadores posmodernos ya que la acusan de promover la opresión y la violencia, y de confabularse con el totalitarismo. Datos que, el nuevo ateísmo, ignora por completo. Por ejemplo, Hitchens insiste de manera rígida y poco convincente en que la raíz del totalitarismo está en la religión. En ningún momento reconoce la realidad de que gran parte de la incitación a la opresión y a la violencia proviene precisamente de la cosmovisión que, según él, tiene la solución a todos nuestros males.[16]

Religión y violencia

Si el nuevo ateísmo ha aportado alguna idea útil al debate que nos ocupa sería la siguiente: que la religión —o, para evitar la exageración, ciertas formas de religión— posee la capacidad de convertir en trascendentes los desacuerdos y conflictos humanos normales, transformándolos en batallas cósmicas entre el bien y el mal, metiendo de por medio la autoridad y la voluntad de una realidad trascendente. Si Dios te dice que mates a alguien, ¿cómo vas a llevarle la contraria? Aunque los nuevos ateos hablan de ello haciendo un análisis superficial y exagerado, es un tema serio que debemos considerar: ¿por qué alguien puede pensar que Dios podría ordenarle matar a alguien?

Ahora bien, como cristiano que soy, creo que la idea de que todas las religiones enseñan más o menos lo mismo es estúpida, pero curiosamente es una idea que promueven tanto los teólogos liberales (ansiosos por elevar el concepto genérico de "religión" por encima de cualquier sistema religioso específico para hacer posible una agenda inclusiva) como los ateos (ansiosos por mostrar que la religión es mala de forma general e intrínseca, y para ello les da igual tomar una única religión en representación de todas, como cuando Sam Harris habla del islam).

Como cristiano, creo que el rostro, la voluntad y el carácter de Dios se dan a conocer plenamente en Jesús de Nazaret.[17] Y Jesús de Nazaret no fue violento con nadie. No fue agente de violencia, sino que sufrió violencia. En lugar de responder a la violencia con violencia, al odio con odio, los cristianos son llamados a "poner la otra mejilla", y "a no dejar que el sol se ponga estando aún enojados". Eso es más que eliminar las raíces de la violencia; es *transfigurarla*. ¿El Dios y Padre de nuestro Señor Jesucristo pide a alguien que mate en su nombre? Algunos cristianos creyeron que sí, especialmente durante el tiempo de las cruzadas. Pero esa creencia choca de lleno con la persona de Cristo. Cristo no dejó que nadie levantara la espada para defenderle. El contraste con el islam no puede ser más revelador.

La importancia del testimonio de Cristo sobre este tema puede verse en un trágico suceso que tuvo lugar en EE.UU. en octubre de 2006, una semana antes de la publicación de *El espejismo de Dios* de Richard Dawkins. Un hombre armado entró en una escuela *amish* en Pennsylvania y disparó contra un grupo de niñas. Cinco de ellas murieron. Los *amish* son un grupo religioso protestante que repudia cualquier forma de violencia debido a su comprensión de la autoridad moral absoluta de la persona y la enseñanza de Jesús de Nazaret. Cuando las niñas fueron asesinadas, la comunidad *amish* instó al perdón. Emocionada y llena de gratitud, la viuda del asesino dijo que esa fue la cura que ella y sus tres hijos "necesitaban desesperadamente".

En *El espejismo de Dios*, Richard Dawkins habla de los *amish* con una condescendencia nauseabunda. Pero como invierte todas sus energías en descalificarlos, no es capaz de ver un detalle importante. Si el mundo fuera más como Jesús de Nazaret, quizá hoy la violencia sería algo del pasado. Pero no creo que Dawkins se sienta cómodo con esta respuesta.

Violencia atea contra la religión

Llegado este punto, nos toca preguntarnos por otro tema que los manifiestos ateos ignoran por completo. *¿Qué ocurre con la violencia atea contra la religión?* Crecí en Irlanda del Norte, así que conozco bien la violencia religiosa. No hay duda de que la religión puede generar violencia. Pero no es la única que genera violencia. En Latinoamérica, millones de personas están "desaparecidas" a consecuencia de las campañas de violencia de los políticos de derechas y sus milicias. En Camboya, Pol Pot eliminó a millones en nombre del socialismo. Las cosmovisiones, ya sean religiosas o seculares, tienen el potencial de inspirar a las personas a usar la fuerza, la violencia y la represión.[18]

La aparición de la Unión Soviética fue realmente significativa. Para Lenin, la eliminación intelectual, cultural y física de la religión era clave para la revolución socialista, y estableció medidas para erradicar las creencias religiosas mediante el uso de la violencia. Una de las grandes tragedias de esta era oscura de la historia de la humanidad es que los que querían acabar con la creencia religiosa por medio de la violencia y la opresión creían que el uso de la violencia estaba justificado.[19] La única autoridad ante la que tenían que rendir cuentas era el estado.

Fiódor Dostoievski anticipó este problema en su gran novela *Los demonios*. Kirillov, el personaje más importante de la novela, argumenta que la no existencia de Dios legitima cualquier acción. La importancia que este tema tenía para

Dostoievski puede apreciarse mejor en una carta que envió a Nikolai Ozmidov en 1878, en ella habla de las implicaciones que el ateísmo tiene para la moral:[20]

Ahora bien, supongamos que Dios no existe, o que la inmortalidad del alma no existe.

Decidme, ¿por qué debería vivir una vida recta y hacer buenas obras, si después de la vida en la tierra ya no voy a existir? ... Y si es así, ¿por qué no podría (siempre que lograra hacerlo sin que nadie me viera) robar o cortarle el cuello a alguien?

En *Los demonios*, Dostoievski pone un argumento similar en boca del personaje algo excéntrico Alexei Nilych Kirillov: si Dios no existe, se desprende que él, Kirillov, es Dios. Esa afirmación sorprende a Pyotr Stephanovich, quien le pide que explique qué quiere decir. Kirillov responde lo siguiente:[21]

Si Dios existe, entonces todo es su voluntad, y no puedo hacer nada aparte de su voluntad. Pero si Dios no existe, entonces todo es mi voluntad, y estoy obligado a expresar la voluntad del yo.

Dado que la idea de Dios es pura invención humana, Kirillov razona que es libre de hacer lo que quiera. No hay una autoridad última a quien hemos de rendir cuentas, o que sea capaz de negar su autoafirmación moral totalitaria.

Las primeras décadas de la Unión Soviética fueron testigo de un intento deliberado de erradicar la religión para crear un estado comunista secular.[22] Cuando los bolcheviques tomaron el poder en 1917, la eliminación de la creencia religiosa era un elemento central de su programa revolucionario. Y no fue algo accidental o fortuito; era un aspecto esencial del nuevo estado que se iba a instaurar. Aunque algunas zonas de la Unión Soviética en ocasiones gozaron de cierta libertad religiosa, fue más bien por falta de eficiencia a la hora de ejecutar las directrices centrales.

Cerraron iglesias; a los sacerdotes los encarcelaron, exiliaron y ejecutaron. En la víspera de la Segunda Guerra Mundial, en la iglesia ortodoxa rusa solo quedaban 6.376 clérigos, mientras que antes de la revolución había 66.140. El periodo en el que más sacerdotes se ejecutaron fue 1937-1938. El 17 de febrero de 1938 ejecutaron a 55 sacerdotes. En un solo día. En 1917, en Rusia había 39.530 iglesias; en 1940, tan solo 950 seguían en funcionamiento. El resto las habían cerrado, transformado para uso secular o destruido, normalmente derruyéndolas con dinamita.

En una de sus "declaraciones de fe" más rocambolescas, Dawkins insiste en que "no hay la menor evidencia" de que el ateísmo influya sistemáticamente a las personas a hacer el mal.[23] Una afirmación chocante, naíf y bastante triste. Está claro que Dawkins es un ateo que vive en su torre de marfil, desconectado del crudo mundo real del siglo XX. Los datos, como hemos visto, apuntan a lo contrario.

De un modo similar, la afirmación de Dawkins "no creo que exista un ateo en el mundo que demolería La Meca, Chartres, la catedral de York o Notre Dame"[24] dice más de su credulidad personal que de la realidad de las cosas. En la historia de la República Democrática Alemana posterior a la guerra ocurrieron atrocidades similares a las de la Unión Soviética. ¿No ha oído Dawkins hablar de la explosión de la iglesia de la Universidad de Leipzig bajo las órdenes de las autoridades ateas en 1968? Finalizada en 1240, esta obra arquitectónica fue demolida para evitar que hubiera símbolos de lo divino en la nueva Karl Marx Platz (hoy felizmente llamada Augustiner-platz, desde la caída de ese estado marxista deprimente y gris, que encarnaba el ateísmo dogmático y austero que algunos ven como una virtud intelectual). El alegato de Dawkins de que el ateísmo es inocente de la violencia y la opresión que él asocia con la religión es simplemente insostenible, y nos habla de un importante punto ciego.

Daré un ejemplo recogido por un académico de Oxford que llega a conclusiones muy diferentes a las que Dawkins afirma (digo afirma, ya que de ningún modo podemos decir *argumenta*). En su extraordinario estudio sobre el cristiano e intelectual disidente de Rumanía Petre Tutea (1902-1991), Alexandru Popescu documenta la degradación física y mental a la que Tutea fue sometido como parte de la persecución sistemática de la religión en su país durante la era soviética hasta la caída y la ejecución de Nicolae Ceaucescu.[25] Durante ese periodo, Tutea fue prisionero de conciencia por 13 años, y por 28 años estuvo bajo arresto domiciliario. Su historia personal es enormemente reveladora para aquellos que quieren entender el poder que la fe religiosa tiene para consolar y mantener la identidad personal bajo las formas de persecución que Dawkins asegura que no existen.

La negación del lado más oscuro del ateísmo por parte de Dawkins le convierte en un crítico de la religión muy poco creíble. Tiene una ferviente fe ciega en la bondad universal del ateísmo y se niega a hacer una autoevaluación crítica. Sí, la religión contemporánea tiene elementos negativos y muchos aspectos que reformar. Pero lo mismo ocurre con el ateísmo, que aún no se ha dignado a someterse a la crítica moral e intelectual a la que los sistemas religiosos ya han accedido. ¿Por qué tantos ateos aplican los estándares morales cuando critican la religión, pero se muestran reacios a aplicarlos al ateísmo? En varias ocasiones se ha señalado que el nuevo ateísmo se aplica a sí mismo una serie de criterios de evaluación, mientras que para evaluar a sus oponentes usa otros criterios muchos más rigurosos y exigentes. ¿Ocurre lo mismo cuando hace una crítica moral de la religión?

El problema de la naturaleza humana

Los humanistas seculares insisten en la bondad de la naturaleza humana. Sin embargo, esa es una creencia falta de evidencias, empíricamente incompatible con la violencia y el horror de la historia de la humanidad. La realidad es que el ser humano es capaz tanto de hacer el bien como de hacer el mal, de la excelencia moral como de la violencia más atroz; y tanto lo uno como lo otro puede estar provocado por cosmovisiones, ya sean religiosas o no. Eso no debería servirnos de consuelo, sino que debería alertarnos sobre el peligro de señalar a un grupo concreto como la fuente de la violencia y los males de la humanidad. Esta aproximación simplista solo nos hace encontrar chivos expiatorios; casi nunca sirve para facilitar el avance de la civilización.

Además, Dawkins no se da cuenta de que cuando una sociedad rechaza la idea de Dios, tiende a divinizar otras cosas, como por ejemplo los ideales de la libertad y la igualdad. Estos, ahora se convierten en autoridades casi divinas que nadie puede cuestionar. Quizá el ejemplo más conocido sea el de la revolución francesa, época en la que descartaron el concepto tradicional de Dios por considerarlo obsoleto, y lo sustituyeron por valores humanos divinizados.

Madame Rolande fue acusada falsamente y ejecutada en la guillotina en 1792. Justo antes de morir, se inclinó burlonamente hacia la estatua de la libertad en la Plaza de la Revolución y pronunció las palabras que la han hecho famosa: "¡Libertad, cuántos crímenes se comenten en tu nombre!". La idea que encierra esta exclamación es simple, y creo que irrefutable. Todos los ideales, ya sean divinos, trascendentes, humanos o inventados pueden usarse de forma abusiva. Así es la naturaleza humana. Y ya que lo sabemos, debemos trabajar para encontrar una solución, en lugar de lanzarnos sobre la religión de forma acrítica. El problema es la naturaleza humana. La doctrina cristiana del pecado original tiene mucho que decir sobre esta incapacidad del ser humano de vivir según sus propios ideales.

Los que están dentro y los que están fuera

Esta línea de pensamiento aún se puede desarrollar más. Supón que el sueño de Dawkins se hace realidad, y la religión desaparece. ¿Se acabarían así las divisiones de la humanidad y la violencia que estas provocan? Claro que no. Esas divisiones son en última instancia construcciones sociales que reflejan la necesidad sociológica que tienen las comunidades de autodefinirse e identificar a los que están dentro y a los que están fuera; a los que son "amigos" y a los que son "enemigos". En los últimos años se ha subrayado la importancia de la oposición binaria en la percepción de la identidad, y las diferentes escuelas de pensamiento aún debaten sobre si esas "oposiciones" determinan y dan forma al pensamiento humano, o si son el resultado del pensamiento humano.

Las "oposiciones binarias" que, según se cree, han dado forma a la cultura occidental moderna incluyen los pares "hombre-mujer" y "blanco-negro". Para promover la identidad de grupo, muchas veces se define "al otro" como enemigo: por ejemplo, en la Alemania nazi, la contraposición "ario-judío". A veces, la oposición binaria se define en términos religiosos: "católico-protestante", o "creyente-infiel".

Esto claramente apunta a la religión, al menos en teoría, como catalizador de la ira y la violencia en algunos contextos. Curiosamente, de acuerdo con el consenso general Dawkins reconoce los orígenes *sociológicos* de la división y la exclusión. "La religión es una etiqueta para las enemistades y venganzas entre diferentes grupos, no necesariamente peor que otras etiquetas como el color de piel, el idioma o el equipo de fútbol favorito, aunque a menudo se utilice en ocasiones en las que no se utilizan otras etiquetas".[26] Dicho de otro modo, la religión solo es parte del problema, una opinión que pocos ven cuestionable. Sin embargo, las creencias antirreligiosas de Dawkins le llevan a unas conclusiones problemáticas.

Dawkins asume que la formación de grupos "de los que están dentro" y "de los que están fuera" es potencialmente divisoria y peligrosa, y que debería prevenirse y evitarse. Y a continuación critica a Jesús de Nazaret por fomentar este tipo de grupos. Al parecer, desconoce el mandamiento de Jesús sobre amar a los enemigos y la parábola inclusiva del buen samaritano, por mencionar tan solo las respuestas más evidentes a esta crítica caprichosa. Pero al menos está claro que Dawkins es crítico con la formación de grupos excluyentes, y por tanto con el papel de la religión como causante de divisiones.

Por eso, es irónico que Dawkins y otros que se identifican con el nuevo ateísmo como Daniel Dennett hayan promovido la formación de ese tipo de grupos al respaldar en 2003 de forma muy poco sabia el concepto de "los Brillantes". Para los que se hayan perdido este divertido episodio de la historia cultural estadounidense, un "Brillante" es alguien que sostiene "una cosmovisión naturalista libre de elementos sobrenaturales y místicos".[27]

Del mismo modo en que el término "gais" se empezó a considerar como un mejor término para designar a los homosexuales, "los Brillantes" se acuñó como término para designar a los ateos, solo que la elección del término "Brillantes" resultó ser un desastre para las relaciones públicas, ya que atufaba a arrogancia cultural e intelectual. Si los ateos realmente eran tan inteligentes, ¿cómo es que dos de sus mayores representantes no fueron capaces de ver que optar por la etiqueta "Brillantes" era echarse piedras sobre su propio tejado?

Cuando lanzó el movimiento de "los Brillantes" en el *New York Times* en 2003, Dennet insistió en que decir a la gente que él era "un brillante no era vanagloriarse, sino declararse orgulloso de una cosmovisión inquisitiva". Bueno, pues no fue así como lo vio el resto del mundo. Lo opuesto a "brillante" es "estúpido", así que al escoger la etiqueta "Brillante", todo el mundo entendió que los ateos estaban diciendo ser más inteligentes que todos los demás. Como dijo el comentarista de *ABC News* John Allen Paulos, "no creo que haga falta un título en relaciones públicas para saber que mucha gente vería el término como vanidoso, ridículo y arrogante".[28]

Puede que haya sido un desastre publicitario; no obstante, la idea en sí de "los Brillantes" encaja con el metarrelato del nuevo ateísmo. Según lo que dice, la gente que cree en Dios es intelectual y moralmente deficiente. El ateo es el superhombre, alguien que es capaz de trascender las limitaciones de la condición humana que lleva a las personas menos inteligentes a creer en Dios. Para sus críticos, esa actitud es asquerosamente arrogante; dentro del movimiento del nuevo ateísmo mismo, como he descubierto a raíz de muchas conversaciones, es un hecho más que evidente. Los que no forman parte del movimiento son tontos o canallas; la verdadera iluminación solo se encuentra en el territorio sagrado del movimiento. Me temo que la creencia de que el resto de la humanidad está equivocada provoca en esos "verdaderos creyentes" una arrogancia bastante desagradable.

La idea de "los Brillantes", por arrogante que resulte, es un elemento esencial de la cosmovisión del nuevo ateísmo. El nuevo ateísmo afirma enérgicamente la autonomía intelectual y moral de la humanidad. Los seres humanos son seres inteligentes y racionales que pueden librarse de las creencias supersticiosas y regocijarse por el triunfo de la razón y la ciencia. Pero, ¿de dónde vienen estas creencias? Si Dios no existe, se infiere que la religión es creación del ser humano. Hitchens y Dawkins se quejan de las que son, en su opinión, mentiras ilusorias, irracionales e inmorales de la religión. Pero, desde su perspectiva atea, estas ideas las inventaron los seres humanos, los mismos seres humanos a los que alaban como modelos de racionalidad y moralidad. Hitchens apela a la racionalidad y moralidad humana para defender el ateísmo; pero esa misma racionalidad y moralidad produjeron las ideas y los valores religiosos que él ve como depravados, patológicos y opresivos.

La religión es la serpiente en el jardín del Edén racionalista, la que hace que la gente razonable caiga. Las contradicciones y fracasos de la reciente historia humana "ilustrada", que incluye la llegada del nazismo y el estalinismo, por no mencionar las armas de destrucción masiva, se atribuyen, de forma nada verosímil, al surgimiento de la religión. Ni la mejor retórica de los nuevos ateos ha logrado utilizar el estalinismo en su obstinada argumentación en contra de la religión. El verdadero problema de los racionalistas seculares es que al haber convertido al ser humano en "la medida de todas las cosas" (Alexander Pope), ahora se sienten avergonzados por el amplio abanico de creencias que los seres humanos han escogido creer; sobre todo, la extendida creencia en Dios. Si la creencia en Dios es un invento humano, y si los crímenes cometidos en nombre de la religión tienen por tanto origen humano, parece que la humanidad es mucho menos racional de lo que los nuevos ateos sostienen. Los nuevos ateos acusan a la religión de ser enemigo de la humanidad, y esperan que nadie se percate de que su propia teoría dice que es una creación humana. No hace falta ser muy brillante para hacer esa conexión.

La única forma de salir de este callejón sin salida es dividir a la humanidad en dos grupos: los que, desde una perspectiva atea, son capaces de liberarse de la esclavitud de la religión; y los que siguen aceptando su letal abrazo. Obviamente, los primeros son "los Brillantes", y los segundos, los ilusos que creen en Dios. Sí, arrogante a más no poder. Pero, ¿de qué otro modo pueden Hitchens y sus colegas escapar del impasse de que la religión tiene origen humano? Si la religión es mala, y la religión es una invención humana, ¿qué dice eso sobre la humanidad que Hitchens exalta por poseer la máxima autoridad moral y racional? Solo hay una salida de todo este embrollo, y es la invención de "los Brillantes". Si "los Brillantes" no existieran, el ateísmo tendría que inventarlos.

No obstante, mi preocupación en este momento no es tanto la pedantería intelectual, la arrogancia cultural o la estupidez política del nuevo ateísmo, sino su naturaleza fundamentalmente divisiva. Este crudo sistema de creencias divide el mundo en "brillantes" y "estúpidos", creando una polaridad dañina que el nuevo ateísmo afirma es una característica de la religión. Por tanto, en este aspecto, el ateísmo es tan malo como sus competidores, solo que el ateísmo ha añadido la arrogancia a su lista de vicios y no ha añadido nada a su lista de virtudes.

Conclusión

En cualquier debate sobre religión y sus competidores el realismo es imprescindible. Es una cualidad que encontramos en los escritos de Michael Shermer, presidente de The Skeptics Society [La Asociación de Escépticos], quien nos recuerda que las religiones han sido las causantes de algunas tragedias humanas, como las guerras santas. Y la historia así lo corrobora. Pero Shermer continúa diciendo que la religión tiene un lado positivo muy importante:[29]

Sin embargo, por cada una de esas tragedias hay diez mil actos de bondad y de bien social que pasan desapercibidos... La religión, como todas las instituciones sociales que tienen esa profundidad histórica e impacto cultural, no puede ser reducida de forma simplista diciendo que o es buena o es mala.

Y eso también lo corrobora la historia. La única forma de negarlo sería hacer una interpretación de la historia altamente selectiva y prejuiciosa. Y eso es precisamente lo que encontramos en el metarrelato del nuevo ateísmo.

La actitud peyorativa y hostil del nuevo ateísmo hacia la religión le lleva a afirmar que la religión es un mal universal e innegable y una peligrosa amenaza para la civilización. Pero, ¿dónde está el análisis equilibrado y sensato que Shermer demanda? ¿Por qué tienen el descaro de no hacer un análisis así? Me temo que la respuesta es bien simple: porque no respaldaría los eslóganes hábiles pero simplistas de los fieles al ateísmo, y menos en un momento en el que está habiendo un resurgimiento religioso. Los creyentes ateos de verdad son relativamente pocos; pero al menos les queda el consuelo de que son "brillantes".

Para definirse a sí mismo, el humanismo secular apela a lo mejor de la humanidad. Entonces, ¿por qué no examina también lo mejor de la religión? La religión puede usarse mal; pero la ciencia también. Las formas de "darwinismo social" desarrolladas en la Alemania nazi son una abominación;[30]

pero yo soy capaz de entender que la ciencia no es mala, sino que eso fue un mal uso de la ciencia. Tanto la ciencia como la religión pueden engendrar monstruos. Pero no debemos juzgarlas por esas formas patológicas. Como Voltaire (1694-1778) señaló en su *Tratado sobre la tolerancia* (1763), "La superstición es a la religión lo que la astrología es a la astronomía: la hija muy necia de una madre muy sabia".[31]

La creencia de que la religión lo envenena todo es simplemente pueril. Claro que la religión puede provocar violencia y maldad. Pero también la política, la raza y el origen étnico... y una cosmovisión atea agresiva y despectiva. En su *Tratado de la tolerancia*, Voltaire argumentó que no deberíamos tolerar la intolerancia. ¿Qué hacemos entonces con la intolerancia agresiva hacia la religión, intolerancia que algunos fanáticos ven como una virtud intelectual? Todos aquellos a los que nos preocupa la creación y la preservación de una sociedad humana civilizada queremos poner fin a la discriminación, la violencia y la opresión. Sin embargo, el intento del nuevo ateísmo por demostrar que la religión es intrínseca y necesariamente mala ha hecho que muchos críticos concluyan que solo usa la historia como un arma contra la religión, en lugar de usarla como un medio para arrojar luz sobre los problemas a los que nos enfrentamos. ¿No va siendo hora de frenar esa generalización discriminatoria y poco convincente, y de preocuparnos por los problemas reales a los que se enfrenta nuestro mundo?

11

Ateísmo y la Ilustración: reflexiones sobre las raíces intelectuales del nuevo ateísmo

En octubre de 2005, en la víspera de la aparición del nuevo ateísmo, se celebró en el norte del estado de Nueva York el Congreso Mundial de la Academia Internacional de Humanismo. ¿El tema? "Hacia una nueva Ilustración". A juzgar por la publicidad del congreso, sus organizadores no dudaban de la urgencia de dicho tema. La religión estaba volviendo a crecer. La raza humana se iba a sumir en una nueva era de superstición e ignorancia. Los ponentes, entre los que estaban Richard Dawkins y Sam Harris, hablaron de una serie de temas que reflejaban su preocupación por el renovado interés por la religión en todo el mundo. El humanismo tiene las respuestas a los dilemas del mundo. "Nos enfrentamos a una nueva edad oscura. ¿Podemos aprender de las lecciones de la Ilustración francesa y británica y dar lugar así a una nueva Ilustración?".

El padrino del nuevo ateísmo es Paul Kurtz (nacido en 1925), uno de los humanistas seculares más prominente de EE.UU.,[1] quien además tuvo un papel clave en la articulación de la visión de ese congreso. Durante la década de 1970 y los primeros años de la década de 1980 Kurtz redirigió el humanismo estadounidense hacia la secularización total, y en gran medida lo hizo suprimiendo sus orígenes religiosos históricos y toda asociación y compromiso con la religión. El "Manifiesto Humanista" original (1933) sí recogía y era favorable al humanismo religioso.[2] Kurtz defendía enérgicamente las formas de humanismo más seculares, y creó el "Concilio para un Humanismo Secular" con el objetivo de presionar a la Asociación Humanista Estadounidense a cambiar de dirección. Fue uno de los principales autores del "Manifiesto Humanista II" (1973), con el que se pusieron las bases para un humanismo vaciado sistemáticamente de declaraciones religiosas.

Esta insistencia en que el humanismo es un movimiento secular y secularizante representa un alejamiento radical de la noble filosofía del Renacimiento, el gran movimiento de los siglos XIV y XV que trajo una renovación y regeneración cultural en toda Europa.[3] Sin embargo, en aquel entonces el término "humanismo" nunca se usó para referirse a un movimiento ateo y secularizante. Se usaba para afirmar la importancia de la elocuencia, especialmente regresando a las grandes fuentes del periodo clásico, es decir, a las antiguas Roma y Atenas. Cristianos humanistas, como el gran Erasmo de Rotterdam, desarrollaron programas para las renovación de la iglesia basados en un regreso a las ideas y las prácticas del Nuevo Testamento.[4] Erasmo produjo la primera edición impresa del texto griego del Nuevo Testamento, y publicó importantes comentarios de muchos de los libros neotestamentarios.[5] El uso del término "humanismo" para referirse a un movimiento que era ateo, secularizante y antirreligioso solo lo encontramos en el siglo XX, y es una clara distorsión del sentido original del término usado por los autores y artistas del Renacimiento.

Sin embargo, al nuevo ateísmo no le importa lo más mínimo el origen histórico del humanismo, ni tampoco sus raíces religiosas. Este movimiento secuestra el término "humanismo" y lo usa para designar un programa agresivamente secularizante que a los autores del Renacimiento les habría parecido totalmente foráneo. Los temas principales de este humanismo secularizado aparecen detallados en un editorial que Kurtz publicó en su revista *Free Inquiry* antes del Congreso Mundial. Declaraba que necesitábamos de forma urgente una "nueva Ilustración".[6] Según él, la Ilustración original buscaba abolir "el dogmatismo y la superstición religiosa, las tradiciones sociales rígidas y la moral represora". Después de enumerar los muchos logros de la Ilustración con un entusiasmo que no se inmuta cuando el realismo histórico no le da la razón, llega a su argumento principal: "Desgraciadamente, en los últimos años ha habido un abandono masivo de los principios de la Ilustración, un regreso a las mitologías premodernas". ¡Debemos oponernos y darle la vuelta!

Así pues, ¿qué es esta "Ilustración"? ¿Y por qué atrae tanto al humanismo secular moderno? El término "Ilustración" se usa con frecuencia para hacer referencia a un periodo de la historia de la cultura occidental que empieza en torno al 1750 y que enfatiza la capacidad de la razón humana para explicar la realidad. Esta idea, ciertamente, también la encontramos en la filosofía griega antigua y en casi toda la filosofía cristiana. Sin embargo, los autores ilustrados dieron un paso más. Mientras que los autores anteriores veían la razón humana como una herramienta falible pero, aún así, útil para *descubrir* la verdad, muchos autores ilustrados la vieron como una herramienta para *determinar* la verdad.[7] Si algo no se puede probar racionalmente, lo tachamos de "irracional".

Ahora bien, todo el mundo está de acuerdo en que debemos mirar nuestras propias creencias de forma crítica y asegurarnos de estar persuadidos de su veracidad o fiabilidad. Sin embargo, en su búsqueda del conocimiento fiable, la Ilustración acabó poniendo unos criterios de demostración racional que eran prácticamente imposibles de reunir. Es muy interesante ver que Kurtz mismo enfatiza una y otra vez la importancia de la "racionalidad", interpretándola no con la actitud cautelosa de los filósofos griegos, sino con la ambición característica de algunas secciones ilustradas que sostenían que todas las creencias debían poder probarse.[8]

Entonces, según Kurtz, ¿quiénes son los enemigos de la Ilustración? En una cita digna de la mejor teoría conspiratoria, Kurtz escribió con pesimismo sobre "unas fuerzas poderosas

ansiosas por derribar las premisas básicas de la Ilustración".
La religión está resurgiendo, ¡y no podemos permitirlo!
Curiosamente, parece que lo que más desprecia es "la vulgar
cacofonía posmoderna del refrito heideggeriano y derridiano".
Necesitamos una nueva ética moral basada en principios
"extraídos de la investigación científica y de la racionalidad
filosófica". Usando un lenguaje despectivo deprimentemente
superficial, a los que cuestionan la Ilustración los retrata o
como los enemigos de la razón y la ciencia o como los amigos
de la superstición y el prejuicio.

La obra de Kurtz es importante históricamente, aunque
su tesis siga teniendo poco rigor histórico, porque anticipa
los temas centrales del nuevo ateísmo, especialmente los
que encontramos en los escritos de Richard Dawkins
y Christopher Hitchens. Los medios se han centrado
básicamente en esa caricatura devastadora de la religión
que la presenta como una superstición tóxica; después de
todo, eso da para buenos titulares. Pero esos mismos medios
prácticamente no han hablado de las otras ideas principales
del programa de Kurtz para establecer una "nueva Ilustración":
en especial su crítica del posmodernismo, que según él es
un sinsentido irracional, y su energética defensa de la visión
ética y social de la Ilustración.[9]

No es difícil ver lo lógico que es relacionar el surgimiento
de la modernidad con el del ateísmo. Al sumarse la búsqueda
ilustrada de liberación social e intelectual con la situación
social y cultural de la Europa occidental, el resultado fue una

crítica de la creencia en Dios y de la iglesia como institución. Muchos pensadores ilustrados creían (aunque con matices distintos) que ambas coartaban la autonomía del ser humano. De hecho, los historiadores del ateísmo moderno suelen ver esta idea como un aspecto integral del proyecto de la Ilustración.[10] Es necesario y urgente hacer un análisis completo de estas cuestiones si queremos entender los factores culturales que dieron lugar a la aparición del nuevo ateísmo, y que dan forma al llamado a volver a la Ilustración.

En este capítulo, me acercaré a la Ilustración de un modo que no creo que sea del agrado de los defensores del nuevo ateísmo. Ya muchos han criticado la sesgada selección de información que Dawkins y Hitchens hacen para elaborar sus argumentos en contra de la religión. De forma mordaz enumeran los fracasos de la fe, y dan por zanjada la cuestión. En la mayoría de juicios, lo normal es que la defensa esté representada. Pero parece que eso a ellos no les importa. Como Terry Eagleton dijo, con un sarcasmo que refleja su exasperación ante las caricaturas irrisorias de la religión que aparecen en *El espejismo de Dios*: "Tal es la imparcialidad científica de Dawkins que, en un libro de casi cuatrocientas páginas, no es capaz de señalar un solo beneficio de la fe religiosa para el ser humano, una visión tan improbable *a priori* como empíricamente falsa".[11]

Pero en lugar de centrarnos en esa interpretación tan sesgada, vamos a considerar otra interpretación igual de selectiva y tendenciosa que se desprende del llamado a regresar a la Ilustración característico del nuevo ateísmo. Los nuevos ateos presentan la Ilustración como una edad de oro perdida, una era de prosperidad intelectual y progreso social. Normal que Hitchens quiera volver a ella. Pero, ¿esa visión se sostiene? La realidad histórica de la Ilustración, ¿no es algo más preocupante? A continuación, quiero ofrecer una explicación de la Ilustración que celebra sus virtudes, pero que no esconde sus fracasos y problemas. Y lo haré dialogando con tres destacados críticos de la Ilustración: el influyente filósofo británico Alasdair MacIntyre, el crítico literario y cultural Terry Eagleton y el filósofo e historiador Leszek Kolakowski (1927-2009).

1. Sometiendo la Ilustración a una investigación histórica crítica

Una de las características más desconcertantes del nuevo ateísmo es su dogmatismo en cuanto a las virtudes de la Ilustración. Pero para defender esa visión solo aportan su propia opinión, usando florituras retóricas engañosas y caricaturas históricas prejuiciosas para esconder que apenas tienen evidencias. Esos eslóganes no son argumentos históricos serios. Es absolutamente necesario realizar una investigación histórica seria, sobre todo a la luz de la propuesta del nuevo ateísmo de moldear el futuro a su semejanza.

En su Conferencia Jefferson de 1986, titulada "La idolatría de la política", Kolakowski comentó: "No aprendemos historia para saber cómo comportarnos o cómo tener éxito, sino para saber quiénes somos".[12] Kolakowski, aunque reconoce prudentemente las buenas consecuencias políticas y sociales del proyecto ilustrado, insiste en que deberíamos contar la historia completa. A diferencia de Christopher Hitchens, insiste en que hemos de prestar atención al lado oscuro de la Ilustración, ese lado que tan fácilmente ignoran sus defensores, corriendo un velo sobre aquello que el nuevo ateísmo prefiere que quede encubierto. Por ejemplo, Kolakowski menciona con preocupación que algunas secciones de la Ilustración llegaron a la conclusión de que algunas verdades eran incuestionables. Como resultado de esta arrogancia, dice, el estalinismo, el nazismo, el maoísmo y "otras sectas fanáticas" fueron inevitables.

Estos comentarios son particularmente importantes si pensamos en el trasfondo intelectual de Kolakowski. A finales de la década de 1940 era obvio que Kolakowski era una de las mentes polacas más brillantes de su generación. Aunque inicialmente estaba muy comprometido con el marxismo-leninismo, pronto quedó decepcionado de sus carencias intelectuales y sus excesos políticos. Su "revisionismo" hizo que lo expulsaran del Partido Comunista Polaco, y perdió su puesto de profesor en la Universidad de Varsovia. Se instaló en el oeste, desde donde criticó de forma incisiva los supuestos naíf que en su opinión había detrás de muchas ideas de la Ilustración.

Lo que Kolakowski dice sobre la verdad es similar a la visión de los críticos posmodernos de la Ilustración, que argumentan que esta ofrece una visión totalizadora de las cosas con el potencial de fomentar la opresión y la violencia. El análisis que Kolakowski hace de la historia de la era moderna expone sus complejidades, por lo que pone en cuestión el discurso simplista de progreso y ascenso que encontramos en los escritos de Paul Kurtz. En lugar del idealismo utópico de Kurtz, encontramos un claro realismo sobre la condición humana.

Más recientemente, Terry Eagleton describe el sueño ilustrado de "progreso humano ilimitado" como una "superstición ingenua",[13] un cuento de hadas que no tiene ninguna base. "Si existe en el mundo un mito piadoso o una superstición crédula es la creencia liberal-racionalista de que, a pesar de unos pocos deslices, estamos yendo hacia un mundo mejor". Como vemos, el mito de la edad de oro perdida sigue vivo, pero estamos llamados a cuestionar cualquier mito sobre el ser humano y la sociedad, a pesar de que la mentalidad occidental secular acepte estos mitos como algo normal.

El nuevo ateísmo acusa a aquellos que creen en Dios de defender "creencias faltas de evidencias", y coloca en el otro extremo las afirmaciones de los ateos ilustrados por estar basadas en hechos comprobables. Pero entonces, ¿qué diremos de su creencia infundada en el progreso humano? Para Eagleton, esa creencia es demostrablemente falsa, un claro ejemplo de "fe ciega".[14] Y se hace la siguiente pregunta: ¿Qué persona racional aceptaría ese mito secular, que te obliga a ver catástrofes provocadas por el hombre como Hiroshima,

Auschwitz y el apartheid como "unos pocos deslices" que no desacreditan ni interrumpen el progreso ascendente de la historia? Parece que la diferencia entre el cristianismo y el nuevo ateísmo está en su elección de "creencias faltas de evidencias" y "mitos". Ninguna de ellas se puede probar, ni tampoco desmentir; sin embargo, eso no nos impide decidir cuál parece ser la más creíble y convincente.

Kolakowski veía la historia como un espejo en el que se refleja la identidad humana. Como vimos más arriba, estudiamos historia para "saber quiénes somos". Pero la historia no revela al superhombre que Kurtz querría que viésemos. De hecho, la lectura que Kolakowski hace de la historia moderna le lleva a la conclusión de que el concepto del pecado original ofrece, al menos, una explicación parcial del lado más oscuro de la humanidad.[15]

Como especie, la humanidad tiene la capacidad de hacer el bien; pero también tiene la capacidad de hacer el mal. Es imprescindible reconocer esta profunda ambigüedad si queremos evitar el utopismo político y social basado en una visión no empírica, ideológica y simplista de la naturaleza humana. Como escribió el gran novelista J. R. R. Tolkien en 1931 con una presciencia asombrosa en la víspera del surgimiento del nazismo, una visión naíf de la humanidad nos lleva al utopismo político, en el que "el progreso" puede llevarnos potencialmente a una catástrofe.[16]

No caminaré con vuestros monos progresistas,
Erecto y sabio. Ante ellos se abre
el abismo oscuro adonde el progreso lleva.

En ese momento, nadie sabía los niveles de crueldad y depravación a los que llegaríamos a causa del nazismo y el estalinismo en la década de 1930. Sin embargo, Tolkien vio algo que la mayoría de los escritores ilustrados no lograron ver: que todo queda a la merced del carácter moral de los seres humanos. Los desarrollos tecnológicos pueden usarse para curar o para matar. Tristemente, la elección está en manos de los seres humanos, y las elecciones que hacen pueden ser desastrosas. Como escribió Theodor Adorno, con más tristeza que enfado, el progreso humano se medía por las armas que utilizaba para matar y mutilar a otros seres humanos. Es profundamente incómodo tener que pensar en el progreso humano como la evolución de la honda a la bomba atómica.

2. Reconociendo los fracasos de la razón

Acertadamente, Kolakowski reconoce que la Ilustración puede verse como una apasionada búsqueda del conocimiento verdadero. Esa búsqueda es un principio que todos podemos admirar. ¿Pero admiraremos más allá del principio? ¿Admiraremos la forma en la que se ha llevado a cabo? Las famosas palabras que John Locke escribió en su carta a Molyneaux el 10 de enero de 1697 me siguen inspirando: "Sé que la verdad existe, que puede encontrarse si la gente lo desea, y que merece la pena buscarla; y que no solo es la cosa más valiosa del mundo, sino la más placentera".[17] Sin embargo, ¿la ciencia y la razón pueden llevarnos al conocimiento verdadero?

En cuanto a eso, encontramos en los escritos de Alasdair MacIntyre una importante crítica a la Ilustración. El plan de la Ilustración se nos presenta como algo a honrar y respetar. Pero para MacIntyre, hay un serio problema. La búsqueda ilustrada de un fundamento y criterio universal de conocimiento flaqueó y se acabó derrumbando bajo el peso de un enorme cúmulo de evidencias en su contra. Simplemente no se pudo lograr; la visión simplemente no se pudo llevar a cabo. La investigación histórica de MacIntyre de los resultados del proyecto ilustrado le convenció de que el legado de la Ilustración era un ideal inalcanzable: una justificación racional imposible en la práctica.[18] La meta que pretendía alcanzar era correcta; el problema era que sus métodos y recursos no aguantarían. La búsqueda de la verdad no se puede abandonar solo porque una estrategia en particular fracase; lo que hay que hacer es encontrar nuevas estrategias o modificar las estrategias existentes.

Esto puede parecer una dura sentencia. Quizá no lo parezca tanto si recordamos que algunos autores de la Ilustración tardía, especialmente Kant, criticaron con contundencia la confianza excesiva de Descartes, Spinoza, Leibniz y Wolff en la razón pura. Como Mark Chapman comenta acertadamente:[19]

Junto a aquel racionalismo triunfalista también había quienes buscaban poner límites a la razón humana... Aunque la razón humana se había definido como suprema, en el sentido de que no se aceptaba ninguna otra autoridad, a la vez se establecieron límites para delimitar el alcance de la soberanía de la razón humana.

Kolakowski ilustra magníficamente lo que Champan quiere decir. Su clara crítica de los límites del razonamiento filosófico es mucho más que una crítica de esa visión inflada de racionalidad presente en algunas secciones de la Ilustración, y se aplica a toda la empresa filosófica en general:[20]

Durante siglos, la filosofía ha defendido su legitimidad haciendo y respondiendo preguntas heredadas de los socráticos y presocráticos: cómo distinguir lo real de lo irreal, lo verdadero de lo falso, lo bueno de lo malo... Pero en un momento dado, los filósofos tuvieron que enfrentarse a un hecho dolorosamente innegable: que de todas las preguntas que ha sostenido la filosofía europea durante más de dos milenios, no hemos respondido ni una sola de forma satisfactoria. Todas ellas, las que los filósofos no han declarado inválidas, siguen siendo controvertidas.

Pero la crítica que Kolakowski hace de la razón va más allá. Según él, la necesidad humana de la religión no puede "eliminarse de la cultura con un mantra racionalista". Argumenta que los seres humanos no solo viven de la razón.

La vida es más compleja de lo que el racionalismo dice. Para Kolakowski, la razón tiene límites, y no puede reemplazar esa profunda interacción con la realidad que encontramos en la creencia y la práctica religiosa. El racionalista vive en un mundo empobrecido y limitado, definido solo por lo que la razón puede probar. Pero más allá de esos límites hay un mundo nuevo y vibrante, esperando a ser descubierto. No cuestiona ni contradice la razón; simplemente está más allá de su alcance. Kolakowski nos anima a entrar en pastos prohibidos, a traspasar fronteras, a cruzar límites arbitrarios. Paul Kurtz habla de forma siniestra de unas "fuerzas poderosas ansiosas por derribar las premisas básicas de la Ilustración". Quizá algunas de esas premisas deben cuestionarse. Y Kolakowski está en mejores condiciones que Kurtz para hacer esa declaración.

3. El resurgimiento de lo trascendente

Un tema frecuente de los autores del nuevo ateísmo es la inevitabilidad del secularismo. Lo religioso es anticuado, una reliquia de una era más crédula. El futuro es secular; la desaparición de la creencia y la presencia religiosa es solo cuestión de tiempo. Deberíamos abrazar el futuro ahora, en lugar de esperar a que la historia siga su curso. Este argumento es familiar, porque incluye la misma combinación de hechos y valores característica del marxismo.[21] Si Marx proclamaba la inevitabilidad histórica del socialismo, el nuevo ateísmo proclama la del secularismo.

La proclamación de Marx era más profética que científica. Sin embargo, los nuevos ateos creen que su declaración de que la religión está a punto de desaparecer es científica y responde a un análisis social serio. Pero la idea de la "inevitabilidad histórica" es un juicio sociológico que tiene poco que ver con lo correcto o incorrecto intelectual y moralmente hablando.[22] Que un desarrollo sociológico sea "inevitable" tiene poco que ver con si es correcto o no. Sea como sea, un desarrollo cultural o histórico dado puede ser inevitable solo *como una fase histórica pasajera*, no como un desarrollo permanente.

El nuevo ateísmo parece haberse casado con el mismo eurocentrismo que caracterizó a la Ilustración en el siglo XVIII. Europa occidental es sin duda la excepción al resurgimiento global de la religión tanto en el ámbito personal como en la vida pública en los últimos años.[23] Después de todo, fueron sociólogos occidentales europeos los que en la década de 1960 predijeron la futura secularización del mundo; algunos han vivido lo suficiente para ver que sus predicciones fueron increíblemente ingenuas.[24] Porque incluso en la Europa occidental, a pesar de los muchos intentos por reducir, deconstruir, recategorizar o simplemente evadir la idea de lo trascendente, esta sigue siendo fundamental para la reflexión filosófica y cultural contemporánea.[25]

La historia de las ideas sugiere que afirmar la superioridad del acercamiento materialista y del frío acercamiento racionalista a la realidad crea de forma invariable una reacción contraria, generando un interés renovado por el ámbito de la fe, la imaginación, los sentimientos y, especialmente, lo trascendente.[26] La búsqueda de lo trascendente está tan profundamente arraigada en la historia del pensamiento humano que sobrevivirá a cualquier intento intelectual y político por suprimirla. La reacción del romanticismo contra la racionalidad aséptica de la Ilustración es una muestra de esa tendencia, que se extiende mucho más allá de este ejemplo específico.[27]

Kolakowski afirma la importancia que lo trascendente siempre ha tenido, y también explica cuál ha sido el desarrollo del concepto. "El hecho de que Dios no olvida significa que está presente incluso cuando le rechazamos".[28] Kolakowski sugiere además que el "retorno a lo sagrado" es una señal del fracaso de la pseudorreligión ilustrada de la humanidad, pues vemos que, aunque sin éxito, "una sociedad sin Dios intenta desesperadamente llenar como sea el vacío que el Dios perdido ha dejado". En una ponencia pronunciada en 1973 ("La venganza de lo sagrado en una cultura secular"), Kolakowski explica que la cultura necesita la categoría de "lo sagrado" porque esta ofrece una estructura y un orden como no lo encontramos en los sistemas seculares.[29]

Las reflexiones de Kolakowski sobre la persistencia de la trascendencia están claramente marcadas por su experiencia bajo varias formas de marxismo en Polonia, donde cualquier reconocimiento de lo trascendente (sobre todo si se asociaba a Dios) era políticamente inaceptable. De hecho, el filósofo alemán Friedrich Nietzsche ya anticipó en el siglo XIX el descubrimiento de Kolakowski. Nietzsche señaló que la presión metafísica de descubrir a "Dios" nunca desaparece de la cultura y experiencia humana, sino que permanece.[30] La declaración de Nietzsche de que él se ha liberado de las "necesidades metafísicas" refleja muy bien lo que Peter Poellner llama la "actitud heroica" de muchos ateos, que busca de forma deliberada el rechazo y produce una actitud "de aislamiento".[31]

Este interés renovado por lo trascendente se ha desestimado como un retorno lamentable a las creencias irracionales que ha dado pie a un resurgimiento de la superstición totalmente indefendible. Sin embargo, esta retórica es en última instancia una proyección de los valores centrales de la Ilustración, recuperados por un nuevo ateísmo que solo busca estigmatizar este importante desarrollo cultural, en lugar de interactuar y dialogar con él. El interés renovado por lo trascendente puede interpretarse de varias formas, y una de ellas es verlo como una reacción justificada ante la aridez espiritual de la modernidad.[32] El romanticismo, por ejemplo, puede verse como una protesta contra la falta de imaginación y el vacío espiritual de un mundo racionalista que limita la realidad solo a aquello que la razón es capaz de determinar.

Conclusión

Esta breve interacción con las principales ideas de la Ilustración es suficiente para cuestionar la visión simplista del nuevo ateísmo y su anhelo por regresar a la Ilustración.

Muchos autores modernos que defendían la Ilustración han tergiversado sutilmente la visión y metas de dicho movimiento, en parte para acercarlo más a sus propias metas y objetivos, y en parte para purgarlo de ideas y asociaciones que se ven cada vez más como problemáticas.[33] Sociológicamente, hemos de entender que las ideas de la Ilustración están profundamente enraizadas en su contexto cultural original y que simplemente no podemos trasplantarlas a un entorno radicalmente diferente. Las ideas y valores de la Ilustración original no pueden desvincularse del contexto cultural, social e histórico del movimiento. Las escuelas de teoría social que enfatizan que las ideas surgen y se forman en un contexto social concreto han subrayado el carácter histórico de los temas fundamentales de la Ilustración. Sociológicamente hablando, es una obviedad que no podemos volver a la Ilustración, que sus ideas y valores no se pueden transferir de forma crítica a otro momento de la historia, como por ejemplo al nuestro.

Por tanto, es necesario señalar que Kolakowski, MacIntyre y Eagleton habían sido comunistas comprometidos, totalmente conscientes de la naturaleza sociológica y condicionante de las ideas. Los tres postularon que la Ilustración temprana fue corregida por las formas tardías del movimiento, sobre todo por el marxismo, que ellos vieron como el florecimiento de aquel movimiento intelectual. No veo esa sofisticación sociológica, o nada que se le parezca, en los principales escritos del nuevo ateísmo.

Una lectura atenta de los escritos del nuevo ateísmo sugiere que su idea es regresar a una "Ilustración" altamente idealizada y saneada. Sin embargo, muchos argumentan que eso es totalmente utópico. ¿Y si el nuevo ateísmo busca un orden intelectual y social que no es más que una ilusión, un "sueño surgido en el tiempo muerto" (Matthew Arnold)?[34] Los nuevos ateos ignoran por completo el *Standortsgebundenheit* (el carácter histórico y situacional) del proyecto ilustrado, y eso les lleva a la curiosa creencia de que las ideas y los valores de la Ilustración pueden trasladarse al siglo XXI como si se pudieran desvincular de su contexto original. O que son correctas por el mero hecho de que estaban muy extendidas. Como señaló el sociólogo polaco Zygmunt Bauman, debemos cuestionar cualquier "moda ideológica predominante cuya aceptación se tome como prueba de su validez".[35] Los contextos sociales cambian, y con ellos, las modas intelectuales dominantes. Las modas culturales cambian; lo que hoy parece permanente y goza de una aceptación global, mañana queda descartado.

Por este tipo de razones, no tiene sentido defender la idea de una "nueva Ilustración", un concepto al que autores como Christopher Hitchens confieren una importancia totémica. El nuevo ateísmo parece más interesado en criticar a otros que en elaborar propuestas positivas, pero no podemos dejar de evaluar las relativamente pocas propuestas que hacen. Kolakowski es una voz de peso en esta conversación, y plantea serias dudas sobre si el nuevo ateísmo tiene una visión positiva justificable capaz de desterrar la creencia y las instituciones religiosas. Dado el simbólico papel que la

Ilustración tiene en la formación de la visión atea del futuro, los méritos del movimiento deben evaluarse con el mismo juicio crítico que los nuevos ateos usan para evaluar la religión.

Hacia el final de su carrera, al reflexionar sobre el surgimiento y la caída de los mitos y cosmovisiones que había conocido y que habían dado forma a su propia vida, como el marxismo y la Ilustración, Kolakowski comentó: "En estos tiempos nos estamos dando cuenta de que muchas predicciones racionales hechas en el siglo XIX están más equivocadas que las supuestas ilusiones que intentaban desterrar".[36] Su comentario nos deja una incómoda pregunta que no podemos ignorar: ¿no será el nuevo ateísmo el que está ofreciendo un remedio ilusorio para la trágica situación de la humanidad, negándose a reconocer el lado oscuro de esta? Los humanistas del Renacimiento fueron más realistas.

No es de sorprender que, para enfrenarse al posmodernismo, el nuevo ateísmo pida una nueva Ilustración, un regreso a una antigua forma de pensar. Los antiguos marcos intelectuales que en el pasado dieron estabilidad al ateísmo se están derrumbando. Al parecer, la única solución que tienen los nuevos ateos es intentar colocarlos de nuevo en su lugar. Pero la cultura occidental ha avanzado, y en muchas partes del mundo desarrollado la Ilustración apenas caló. El nuevo ateísmo muestra una asombrosa falta de interés por la historia, la cual usa como fuente de recursos que selecciona convenientemente para respaldar sus propias ideas. Aquellos que maltratan y no toman en cuenta la historia acabarán repitiendo muchos de los errores del pasado. Los nuevos ateos aspiran a crear una Nueva Jerusalén sin Dios; si Kolakowski está en lo cierto, solo lograrán crear otro utopismo disfuncional.

Notas

Introducción

1. Esta expresión también se ha usado para designar el propio acercamiento de C. S. Lewis al cristianismo: ver Will Vaux, *Mere Theology: A Guide to the Thought of C. S. Lewis*. Downers Grove, Il: InterVarsity Press, 2004, 17. Yo uso la expresión en un sentido más amplio, que abarca las perspectivas teológicas que encontramos en Lewis, y sus homólogos o equivalentes dentro de la tradición cristiana.

2. Alister E. McGrath, *The Open Secret: A New Vision for Natural Theology*. Oxford: Blackwell, 2008.

3. Alister E. McGrath, *A Fine Tuned Universe: The Quest for God in Science and Theology*. Louisville, KY: Westminster John Knox Press, 2009.

4. Alister E. McGrath, *Darwinism and the Divine: Evolutionary Thought and Natural Theology*. Oxford: Blackwell, 2011.

5. Sobre todo, ver Alister E. McGrath con Joanna Collicutt McGrath, *The Dawkins Delision? Atheist Fundamentalism and the Denial of the Divine*. London: SPCK, 2007.

6. C. Hitchens, *God Is Not Great: How Religion Poisons Everything*. New York: Twelve, 2007, 282. [*Dios no es bueno*. Random House Mondadori Debolsillo, 2009].

7. Terry Eagleton, *Reason, Faith, and Revolution: Reflections on the God Debate*. New Haven: Yale University Press, 2009, 7. [*Razón, fe y revolución*. Barcelona: Paidós, 2012].

8. Encontrará mi pequeña contribución a esta celebración en Alister E. McGrath, "The Shaping of Reality: Calvin and the Formation of Theological Vision". *Toronto Journal of Theology* 25 (2009): 187-204. Este

artículo es una versión revisada de los apuntes de mi discurso en el Congreso Calvino celebrado en la Universidad de Toronto en junio de 2009.

9. Concretamente, tengo en mente a Eagleton, *Razón, fe y revolución* (que ya hemos mencionado); y Karen Armstrong, *The Case for God*. New York: Knopf, 2009.

10. C. S. Lewis, "Is Theology Poetry?", en *C. S. Lewis: Essay Collection*. London: Collins, 2000, 1-21; cita en la p. 21.

11. La idea de "comunidad interpretativa" la expuso por primera vez Stanley Fish, *Is there a Text in This Class? The Authority of Interpretive Communities*. Cambridge, MA: Harvard University Press, 1980, 147-74.

1. Teología práctica: el paisaje de la fe (1)

Basado en una conferencia introductoria pronunciada en St Mellitus College en septiembre de 2009, dirigida a estudiantes que se estaban formando para ser ministros en la Iglesia de Inglaterra.

2. Teología práctica: el paisaje de la fe (2)

Basado en una conferencia introductoria pronunciada en St Mellitus College en septiembre de 2009, dirigida a estudiantes que se estaban formando para ser ministros en la Iglesia de Inglaterra.

1. Extraído de 'Brief Life Is Here Our Portion', traducido por John M. Neale, 1851.

3. El evangelio y la transformación de la realidad: *El elixir* de George Herbert

Basado en un ensayo presentado en el Seminario de Literatura y Teología de la Universidad de Oxford en noviembre de 2007.

1. Agustín de Hipona, *Sermo* 88.5. Ver también Roland J. Teske, "Augustine of Hippo on Seeing with the Eyes of the Mind" en *Ambiguity in the WesternMind*, editado por Craig J.N. de Paulo, Patrick Messina y Marc Stier. New York: Peter Lang, 2005, 72–87.

2. Iris Murdoch, "The Sovereignty of Good over Other Concepts" en *Existentialists and Mystics*, editado por Peter Conradi. London: Chatto, 1998, 363–85; cita extraída de la p. 368.

3. Agustín, *Sermo* 88.5.5.

4. Encontrará un análisis más detallado de esta idea en Alister E. McGrath, *The Open Secret: A New Vision for Natural Theology*. Oxford: Blackwell, 2008, 115–216.

5. Ejemplos de obras de importancia que reconocen y examinan esta idea incluyen: Joseph Summers, *George Herbert: His Religion and Art*. Cambridge, MA: Harvard University Press, 1968; William H. Halewood, *The Poetry of Grace: Reformation Themes and Structures in English Seventeenth-Century Poetry*. New Haven, CT: Yale University Press, 1970; Ilona Bell, "'Setting Foot into Divinity': George Herbert and the English Reformation". *Modern Language Quarterly* 38 (1977): 219–41; Barbara Kiefer Lewalski, *Protestant Poetics and the Seventeenth-Century Religious Lyric*. Princeton, NJ: Princeton University Press, 1979; Elizabeth Clarke, *Theory and Theology in George Herbert's Poetry: "Divinitie and Poesy Met"*. Oxford: Clarendon Press, 1997; R. V. Young, *Doctrine and Devotion in Seventeenth-Century Poetry: Studies in Donne, Herbert, Crashaw, and Vaughan*. Cambridge: Brewer, 2000.

6. Ver Heather A. R. Asals, *Equivocal Predication: George Herbert's Way to God*. Toronto: University of Toronto Press, 1981, especialmente 26–9. Ver también Martin Elsky, *Authorizing Words: Speech, Writing, and Print in the English Renaissance*. Ithaca, NY: Cornell University Press, 1989, 147–83.

7. Por ejemplo, ver los análisis que aparecen en Donald R. Dickson, *The Fountain of Living Waters: The Typology of the Waters of Life in Herbert, Vaughan, and Traherne*. Columbia, MO: University of Missouri Press, 1987; Richard Leonard Caulkins, *George Herbert's Art of Love: His Use of the Tropes of Eros in the Poetry of Agape*. New York: Peter Lang, 1996.

8. Ver Bruce A. Johnson, "The Audience Shift in George Herbert's Poetry". *Studies in English Literature* 35 (1990): 89–103.

9. El uso de la palabra "cristal" o "espejo" (en inglés, glass) probablemente sea un reflejo de algunos conceptos paulinos, sobre todos los que aparecen en 2 Corintios 3:18: "Así, todos nosotros, que con el rostro descubierto contemplamos como en un espejo la gloria del Señor, somos transformados a su semejanza con más y más gloria". Ver Ronald G. Shafer, "George Herbert's Poetic Adaptation of St Paul's Image of the Glass". *Seventeenth-Century News* 35 (1977): 10–11.

10. Debora K. Shuger, *Habits of Thought in the English Renaissance: Religion, Politics, and the Dominant Culture*. Berkeley, CA: University of California

Press, 1990, 91–119; Harold E. Toliver, *George Herbert's Christian Narrative*. University Park, PA: Pennsylvania State University Press, 1993, 183–225.

11. F. E. Hutchinson comenta que "ningún otro poema de Herbert refleja tan bien sus habilidades para revisar": ver F. E. Hutchinson, *The Works of George Herbert*. Oxford: Oxford University Press, 1941, 541. Las tres fuentes principales de *The Temple* son el manuscrito Williams (MS Jones B 62 en la Biblioteca Dr. Williams de Londres), el manuscrito bodleiano (MS Tanner 307 en la Biblioteca Bodleiana de Oxford) y la primera edición impresa de 1633.

12. Para comentarios, ver Janis Lull, "Expanding 'the Poem Itself': Reading George Herbert's Revisions". *Studies in English Literature, 1500–1900* 27 (1987): 71–87. Ver también el estudio posterior de Lull, *The Poem in Time: Reading George Herbert's Revisions of* The Church. Newark, NJ: University of Delaware Press, 1990.

13. Este es el argumento de Charles Molesworth, "Herbert's 'The Elixir': Revision towards Action". *Concerning Poetry* 5 (1972): 12–20.

14. Helen Constance White, *The Metaphysical Poets: A Study in Religious Experience*. New York: Macmillan, 1936, 181–2; Clarence H. Miller, "Christ as the Philosopher's Stone in George Herbert's 'The Elixir'". *Notes and Queries* 45 (1998): 39–40; Yaakov Mascetti, "'This Is the Famous Stone': George Herbert's Poetic Alchemy in 'The Elixir'" en *Mystical Metal of Gold: Essays on Alchemy and Renaissance Culture*, editado por Stanton J. Linden. Brooklyn, NY: AMS Press, 2005, 301–24.

15. Urszula Szulakowska, "The Tree of Aristotle: Images of the Philosopher's Stone and their Transference in Alchemy from the Fifteenth to the Twentieth Century". *Ambix* 33 (1986): 53–77. Encontrará una rica colección de textos que ilustran la fascinación cultural por la alquimia en Stanton J. Linden, *The Alchemy Reader: From Hermes Trismegistus to Isaac Newton*. Cambridge: Cambridge University Press, 2003.

16. El estudio definitivo de ese desarrollo sigue siendo el de Stanton J. Linden, *Darke Hierogliphicks: Alchemy in English Literature from Chaucer to the Restoration*. Lexington, KY: University Press of Kentucky, 1996.

17. Linden, *Darke Hierogliphicks*, 106.

18. Richard Sibbes, *A Learned Commentary or Exposition, upon the First Chapter of the Second Epistle of S. Paul to the Corinthians* (London, 1655), 257; citado en William Haller, *The Rise of Puritanism*. New York: Harper & Row, 1957, 125.

19. Linden, *Darke Hierogliphicks*, 154–92.

20. Ver, por ejemplo, Vittorio Tranquilli, *Il concetto di lavoro da Aristotele a Calvino*. Milan: Ricciardi, 1979; George Ovitt, *The Restoration of Perfection: Labor and Technology in Medieval Culture*. New Brunswick, NJ: Rutgers University Press, 1987.

21. En cuanto a intentos de identificar y producir ese elixir, ver Donald R. Dickson, "The Hunt for Red Elixir: An Early Collaboration between Fellows of the Royal Society". *Endeavour* 22 (1998): 68–71.

22. Ver la crítica estridente de Helen Vendler, *The Poetry of George Herbert*. Cambridge, MA: Harvard University Press, 1975, 270–2, especialmente los comentarios sobre su "vocabulario infantil". Normalmente, las estrofas de los poemas de Herbert que tienden a tener formato de fórmula y de credo son las estrofas finales (ver, por ejemplo, "Jordan (I)" y "Antiphon (I)"). Sin embargo, en este caso, la estrofa introductoria fue la última que escribió, y por eso presenta el credo para la posterior exploración imaginativa de los temas en cuestión. Ver también Barbara Leah Harman, *Costly Monuments: Representations of the Self in George Herbert's Poetry*. Cambridge, MA: Harvard University Press, 1982.

23. El poema original incluye una segunda estrofa que no aparece en las versiones impresas de los himnarios en inglés: "No irracionalmente, como el animal / Que actúa sin reflexionar; / Sino que a Ti entregue mi acción, / y Tú la toques con tu perfección". Aunque enfatiza la importancia de la "perfección", esta estrofa se considera inferior al resto del poema.

24. También existe la posibilidad de que "cristal" esté haciendo referencia a un espejo. No obstante, el uso de la imagen de la ventana en *The Windows* sugiere que este es el uso más probable en *El elixir*.

25. En cuanto a esto, algunos se preguntan en qué medida Herbert ha sido influenciado, directa o indirectamente, por la teoría de los signos de Agustín de Hipona: ver especialmente Richard Todd, *The Opacity of Signs: Acts of Interpretation in George Herbert's "The Temple"*. Columbia: University of Missouri Press, 1986. Todd argumenta que Herbert incorpora la visión de Agustín sobre la tensión existente entre los mundos separados (aunque claramente relacionados) de *res* y *verbum* a su teoría sobre la expresión poética y la "lectura" poética expresada en *The Temple*.

26. Herbert habla de la importancia de la muerte y la resurrección de Cristo en muchos de los poemas que aparecen en *The Temple*, especialmente en *Redemption* y *Easter*.

27. Cristina Malcolmson comenta la referencia de Herbert a cuestiones de

estatus social en *Heart-Work: George Herbert and the Protestant Ethic.* Stanford, CA: Stanford University Press, 1999. La lectura esencialmente marxista que Malcolmson hace de Herbert interpreta esta sección de *El elixir* como base para "el tedioso trabajo necesario para mantener el orden tradicional" (170). Esta lectura materialista de Herbert no cae en ubicarle dentro de la ética protestante del trabajo, y por encima de todo no tiene en cuenta la transformación del estatus social del trabajo que esta ha traído consigo.

28. Ver, por ejemplo, *Easter; Love (III)*.

29. Sobre esto, ver Andrew Walker, "Scripture, Revelation and Platonism in C. S. Lewis". *Scottish Journal of Theology* 55 (2002): 19–35.

30. Sobre esta versión cristianizada del platonismo que encontramos en Agustín de Hipona, uno de los faros teológicos de Lewis, ver Philip Cary, *Augustine's Invention of the Inner Self: The Legacy of a Christian Platonist.* Oxford: Oxford University Press, 2000, 63–76.

31. Ver Brad Prager, *Aesthetic Vision and German Romanticism.* Rochester, NY: Camden House, 2007, 2–9.

32. C. S. Lewis, *Collected Poems.* London: HarperCollins, 1994, 128. Para ver un comentario, consultar Don W. King, "Topical Poems: Lewis' Post-Conversion Poetry" en *C. S. Lewis: An Examined Life*, editado por Bruce L. Edwards. Westport, CT: Praeger, 2007, 292–3.

33. Ver especialmente las referencias a la adquisición de la capacidad de "tener esa luz" (l. 7).

4. La cruz, el sufrimiento y la perplejidad teológica: reflexiones sobre Martín Lutero y C. S. Lewis

Basado en una conferencia pronunciada en el Centre for Mentorship and Theological Reflection [Centro de mentorado y reflexión teológica], Toronto, Canadá, en junio de 2009.

1. Ver la exposición de Roy Baumeister, *Meanings of Life*. New York: Guilford Press, 1991.

2. Ver su carta a Mary van Deussen (18 de junio de 1956) en la que comenta que la apologética "es agotadora, y no es [demasiado] buena para mi fe. Una doctrina cristiana nunca me ha parecido tan poco real como después de defenderla (aunque haya logrado defenderla bien)". *C. S. Lewis: Collected*

Letters, editado por Walter Hooper. 3 vols. London: Harper-Collins, 2006, vol. 3, 762.

3. Encontrará una introducción en Joseph E. Vercruysse, "Luther's Theology of the Cross at the Time of the Heidelberg Disputation". *Gregorianum* 57 (1976): 532–48; Dennis Ngien, *The Suffering of God According to Martin Luther's Theologia Crucis*. New York: Peter Lang, 1995. Este fue el tema de mi primer libro: ver Alister E. McGrath, *Luther's Theology of the Cross: Martin Luther's Theological Breakthrough*. Oxford: Blackwell, 1985.

4. *D. Martin Luthers Werke: Kritische Gesamtausgabe* (Weimar: Böhlaus, 1910), vol. 5, 163. "Vivendo, immo moriendo et damnando fit theologus, non intelligendo, legendo aut speculando".

5. *Martin Luthers Werke*, vol. 5, 176. "Crux sola est nostra theologia".

6. *Martin Luthers Werke*, vol. 5, 179. "Crux probat omnia".

7. Heidelberg *Disputation, Thesis 20: Martin Luthers Werke*, vol. 1, 354.

8. Ver Ronald Rubin, "Descartes' Validation of Clear and Distinct Apprehension". *Philosophical Review* 86 (1977): 197–208.

9. Encontrará buenos estudios en Robert Kolb, "Luther on the Theology of the Cross". *Lutheran Quarterly* 16 (2002): 443–66; Sybille Rolf, "Crux sola est nostra theologia. Die Bedeutung der Kreuzestheologie für die Theodizeefrage". *Neue Zeitschrift für systematische Theologie und Religionsphilosophie* 49 (2007): 223–40. Sobre la idea de que las reflexiones teológicas de Lutero de ese periodo necesitan ser actualizadas para responder a las preguntas de hoy, ver Oswald Bayer, *Martin Luthers Theologie. Eine Vergegenwärtigung*. Tübingen: Mohr, 2003. *Martin Luthers Werke*, vol. 1, 354.

10. Sobre la importancia de este punto, ver Richard G. Tedeschi y Lawrence G. Calhoun, *Trauma and Transformation: Growing in the Aftermath of Suffering*. London: Sage Publications, 1995; Joanna Collicutt McGrath, "Post-Traumatic Growth and the Origins of Early Christianity". *Mental Health, Religion and Culture* 9 (2006): 291–306.

11. SimoneWeil, *Gravity and Grace*. London: Routledge, 2002, 81.

12. Weil, *Gravity and Grace*, 84.

13. Vemos aquí un paralelismo con Lewis, cuando dice que un día nos encontraremos en un lugar donde "nuestras ideas aparentemente contradictorias (...) serán quitadas de debajo de nuestros pies. Veremos

que nunca hubo ningún problema". C. S. Lewis, *A Grief Observed*. San Francisco: Harper-Collins, 2001, 71. [*Una pena en observación*. Anagrama, 2006].

14. Ver, por ejemplo, Emmanuel Levinas, *Totality and Infinity: An Essay on Exteriority*. Pittsburgh, PA: Duquesne University Press, 1969, 216. Ver más en John D. Caputo, "In Praise of Ambiguity" en *Ambiguity in the Western Mind*, editado por Craig J. N. de Paulo, Patrick Messina y Marc Stier. New York: Peter Lang, 2005, 15–34.

15. Ver la explicación de Theodor W. Adorno, *Negative Dialectics*. London: Continuum, 1997, 24: "El sistema, la forma de presentar una totalidad que no deja nada fuera, convierte el pensamiento en un absoluto frente a cada uno de sus contenidos y evapora el contenido de los pensamientos".

16. Encontrará más información sobre la visión que Lutero tenía del complejo concepto del "Dios oculto" en Hellmut Bandt, *Luthers Lehre vom verborgenen Gott: Eine Untersuchung zu dem Offenbarungsgeschichtlichen Ansatz seiner Theologie*. Berlin: Evangelische Verlagsanstalt, 1958; McGrath, *Luther's Theology of the Cross*, 148–90.

17. C. S. Lewis, *The Problem of Pain*. New York: HarperCollins, 2001, 91. [*El problema del dolor*. Rialp, 1994]. Ver el comentario, unas páginas después (p. 94) de que el dolor "coloca la bandera de la verdad en la fortaleza del alma rebelde".

18. Lewis, *A Grief Observed*, 6–7.

19. John Beversluis, *C. S. Lewis and the Search for Rational Religion*. Grand Rapids, MI: Eerdmans, 1985, 150.

20. Ver Ann Loades, "C. S. Lewis: Grief Observed, Rationality Abandoned, Faith Regained". *Literature and Theology* 3 (1989): 107–21.

21. *Martin Luthers Werke: Tischreden*, vol. 1, 16. "Sola autem experientia facit theologum".

5. El teatro de la gloria de Dios: una visión cristiana de la naturaleza

Basado en una conferencia pronunciada en King's College London en marzo de 2009, dirigida a estudiantes de posgrado.

1. Richard Faber y Renate Schlesier, eds, *Restauration der Götter: Antike Religion und Neo-Paganismus*. Würzburg: Königshausen & Neumann, 1986; Stefanie von Schnurbein, *Göttertrost in Wendezeiten. Neugermanisches*

Heidentum zwischen New Age und Rechtsradikalismus. Munich: Claudius Verlag, 1993.

2. Ronald Hutton, *The Triumph of the Moon: A History of Modern Pagan Witchcraft.* Oxford: Oxford University Press, 2001.

3. Encontrará un buen resumen en Patrick Sherry, "Disenchantment, Re-Enchantment, and Enchantment". *Modern Theology* 25 (2009): 369–86.

4. Ver Abigail Lustig, "Natural Atheology" en *Darwinian Heresies*, editado por Abigail Lustig, Robert J. Richards y Michael Ruse. Cambridge: Cambridge University Press, 2004, 69–83.

5. Stanley Fish, *Is There a Text in This Class? The Authority of Interpretive Communities.* Cambridge, MA: Harvard University Press, 1980, 147–74. Para seguir reflexionando sobre esta importante idea, ver Gary A. Olson, *Justifying Belief: Stanley Fish and the Work of Rhetoric.* Albany, NY: State University of New York Press, 2002.

6. Desarrollo más esta idea en Alister E. McGrath, *A Scientific Theology: 1 – Nature.* London: T&T Clark, 2001, 81–133.

7. William Whewell, *The Philosophy of the Inductive Sciences*, 2 vols. London: Parker, 1847, vol. 1, 1.

8. Sobre esta idea en Hobbes, ver Richard Tuck, 'The "Christian Atheism" of Thomas Hobbes' en *Theism from the Reformation to the Enlightenment*, editado por Michael Hunter y David Wootton. Oxford: Clarendon Press, 1992, 102–20.

9. Dorothy L. Sayers, *The Mind of the Maker.* London: Methuen, 1994, prefacio.

10. Aquí discrepo con la interpretación simplista y engañosa de este y otros temas cristianos que encontramos en Lynn White, "The Historical Roots of Our Ecological Crisis". *Science* 155 (1967): 1203–7.

11. Sobre esto, ver Susan Elizabeth Schreiner, *The Theater of His Glory: Nature and the Natural Order in the Thought of John Calvin.* Durham, NC: Labyrinth Press, 1991.

12. Buenaventura, *Itinerarium Mentis in Deum*, 2.

13. Encontrará un excelente análisis de la descripción que Ireneo hace de este concepto en John Behr, *Asceticism and Anthropology in Irenaeus and Clement.* Oxford: Oxford University Press, 2000, 34–85; Eric F. Osborn, *Irenaeus of Lyons.* Cambridge: Cambridge University Press, 2001, 51–141.

14. Encontrará una discusión teológica sobre este tema en el magistral estudio de Julius Gross, *Geschichte des Erbsündendogmas: Ein Beitrag zur Geschichte des Problems vom Ursprung des Übels*. Munich: Reinhardt, 1960.

15. Jam Lambrecht, "The Groaning of Creation". *Louvain Studies* 15 (1990): 3–18.

16. John Ruskin, *Works*. Editado por E. T. Cook y A.Wedderburn. 39 vols. London: Allen, 1903–12, vol. 7, 268.

17. Ruskin, *Works*, vol. 5, 333.

18. Ver, por ejemplo, William Lane Craig, "The Existence of God and the Beginning of the Universe". *Truth: A Journal of Modern Thought* 3 (1991): 85–96.

19. William Whewell, *Astronomy and General Physics Considered with Reference to Natural Theology*. 5a ed. London: William Pickering, 1836, vi.

20. Encontrará un buen resumen en Johannes Maria Stenke, *John Polkinghorne: Konzonanz von Naturwissenschaft und Theologie*. Göttingen: Vandenhoeck & Ruprecht, 2006.

21. John Polkinghorne, *Science and Creation: The Search for Understanding*. London: SPCK, 1988, 20–1.

22. Este argumento lo desarrollo de forma más elaborada en Alister E. McGrath, *The Open Secret: A New Vision for Natural Theology*. Oxford: Blackwell, 2008; y Alister E.McGrath, *A Fine Tuned Universe: The Quest for God in Science and Theology*. Louisville, KY:Westminster John Knox Press, 2009.

23. Iris Murdoch, "The Darkness of Practical Reason" en *Existentialists and Mystics*, editado por Peter Conradi. London: Chatto, 1998, 193–202; cita en la p. 198.

24. Ver el influyente análisis que aparece en Roy Baumeister, *Meanings of Life*. New York: Guilford Press, 1991.

25. Sobre una idea similar en la poesía romántica, ver Thomas Weiskel, *The Romantic Sublime: Studies in the Structure and Psychology of Transcendence*. Baltimore, MD: Johns Hopkins University Press, 1986.

26. Joseph von Eichendorff, "Wünschelrute" (traducción de Alister McGrath); en Joseph von Eichendorff, Gedichte, ed. P. H. Neumann. Stuttgart: Reclam, 1997, 32. Sobre el significado teológico de este poema, ver Alister E.McGrath, "'Schläft ein Lied in allen Dingen'? Gedanken über

die Zukunft der natürlichen Theologie". *Theologische Zeitschrift* 65 (2009): 246–60. Véase el texto original en alemán: "Schläft ein Lied in allen Dingen, / Die da träumen fort und fort, / Und die Welt hebt an zu singen, / Triffst du nur das Zauberwort".

6. El tapiz de la fe: teología y apologética

Basado en una conferencia pronunciada en el Oxford Centre for Christian Apologetics (OCCA) en marzo de 2009.

1. Ver, por ejemplo, Douglas John Hall, *The End of Christendom and the Future of Christianity*. Valley Forge, PA: Trinity Press International,1997; Darrell Guder et al., *Missional Church: A Vision for the Sending of the Church in North America*. Grand Rapids, MI: Eerdmans, 1998.

2. Michael W. Goheen, *"As the Father Has Sent Me, I Am Sending You": Lesslie Newbigin's Missionary Ecclesiology*. Zoetermeer: Boekencentrum Publishers, 2000.

3. Martin Kähler, *Schriften zu Christologie und Mission. Gesamtausgabe der Schriften zur Mission*, editado por Heinzgünter Frohnes. Munich: Kaiser Verlag, 1971, 190: "Die älteste Mission wurde zur Mutter der Theologie".

4. Kähler, *Schriften*, 190.

5. David Bosch, *Transforming Mission: Paradigm Shifts in the Theology of Mission*.Maryknoll, NY: Orbis Books, 1991, 11. [*Misión en transformación. Cambios de paradigma en la teología de la misión*, Libros Desafío, 2000].

6. Encontrará reflexiones útiles en John G. Stackhouse, *Humble Apologetics: Defending the Faith Today*. Oxford: Oxford University Press, 2000, 131–205.

7. Avery Dulles, *A History of Apologetics*. 2a ed. San Francisco, CA: Ignatius Press, 2005, xix.

8. Sobre el pelagianismo, ver Alister McGrath, *Heresy: A History of Defending the Truth*. San Francisco: HarperOne, 2009, 160–70.

9. Jonathan Edwards, *Treatise on the Religious Affections*. New Haven, CT: Yale University Press, 1959, 305. [*Los afectos religiosos. La válida experiencia espiritual*, Publicaciones Faro de Gracia, 2000].

10. Augustín de Hipona, *Confesiones* I.i.1. Sobre este punto, ver Klaas Bom, "Directed by Desire: An Exploration Based on the Structures of the Desire for God". *Scottish Journal of Theology* 62 (2009): 135–48.

11. Ver Corbin Scott Carnell, *Bright Shadow of Reality: Spiritual Longing in C. S. Lewis.* Grand Rapids, MI: Eerdmans, 1999.

12. Sobre la relevancia cultural de este punto, ver la obra clásica de Ernest Becker, *The Denial of Death.* New York: Simon & Schuster, 1973. [*La negación de la muerte.* Kairós, 2003]. Encontrará un análisis teológico de la cruz en Alister E. McGrath, *Christian Theology: An Introduction.* 4a ed. Oxford: Blackwell, 2006, 326–59.

13. Ver la discusión que aparece en David K. Clark, *Dialogical Apologetics: A Person-Centered Approach to Christian Defense.* Grand Rapids,MI: Baker Book House, 1993.

14. Encontrará diversos estudios detallados de este importante pasaje en la clásica obra de Robert F. Zehnle, *Peter's Pentecost Discourse: Tradition and Lucan Reinterpretation in Peter's Speeches of Acts 2 and 3*, Nashville, TN: Abingdon, 1971. Aunque para algunos aspectos se ha quedado anticuada, esta obra sigue ofreciendo un muy buen análisis del texto y de su estrategia subyacente.

15. Ver Bertil Gartner, *The Areopagus Speech and Natural Revelation.* Uppsala: Gleerup, 1955.

16. Ver Bruce W.Winter, "Official Proceedings and the Forensic Speeches in Acts 24–26" en *The Book of Acts in Its Ancient Literary Setting*, editado por B. W. Winter y A. D. Clarke. Grand Rapids, MI: Eerdmans, 1994, 305–36.

17. Puede leer más sobre estas cuestiones en Alister E. McGrath, *The Open Secret: A New Vision for Natural Theology.* Oxford: Blackwell, 2008, 221–315.

18. Austin Farrer, "The Christian Apologist" en *Light on C. S. Lewis*, editado por Jocelyn Gibb. London: Geoffrey Bles, 1965, 23–43. Cita extraída de la p. 26.

19. Ver, por ejemplo, el acercamiento de Rowan Williams, *Tokens of Trust: An Introduction to Christian Belief.* Norwich: Canterbury Press, 2007.

20. Simone Weil, *First and Last Notebooks.* London: Oxford University Press, 1970, 147.

21. C. S. Lewis, *Surprised by Joy.* London: Collins, 1989, 138. [*Cautivado por la Alegría.* Madrid: Ediciones Encuentro, 1989].

22. C. S. Lewis, *Rehabilitations and Other Essays.* London: Oxford University Press, 1939, 158.

23. Desarrollo más este tema en Alister E. McGrath, "Erzählung, Gemeinschaft

und Dogma: Reflexionen über das Zeugnis der Kirche in der Postmoderne". *Theologische Beiträge* 41 (2010): 25–38.

24. Ver Roy Baumeister, *Meanings of Life*. New York: Guilford Press, 1991. El análisis que Baumeister hace de la importancia de la identidad, el valor, el propósito y la voluntad es de suma importancia para la apologética cristiana.

7. Las ciencias naturales: ¿amigas o enemigas de la fe?

Basado en una presentación informal para estudiantes de posgrado en la Universidad de Oxford en mayo de 2009.

1. Para conocer mi opinión sobre la comprensión que Richard Dawkins tiene sobre la relación entre ciencia y religión, ver Alister E. McGrath, *Dawkins' God: Genes, Memes and the Meaning of Life*. Oxford: Blackwell, 2004.

2. Stephen Jay Gould, "Impeaching a Self-Appointed Judge". *Scientific American* 267/1 (1992): 118–21.

3. Charles A. Coulson, *Science and Christian Belief*. Chapel Hill, NC: University of North Carolina Press, 1958, 22.

4. Desarrollo esta cuestión en Alister E. McGrath, *The Open Secret: A New Vision for Natural Theology*. Oxford: Blackwell, 2008.

5. Examino esta idea en mis Conferencias Gifford de 2009 (Gifford Lectures): ver Alister E. McGrath, *A Fine-Tuned Universe: The Quest for God in Science and Theology*. Louisville, KY: Westminster John Knox Press, 2009.

6. Encontrará una refutación de la mayoría de estos mitos en Ronald L. Numbers, ed., *Galileo Goes to Jail and Other Myths about Science and Religion*. Cambridge, MA: Harvard University Press, 2009.

7. Denis Noble, *The Music of Life: Biology Beyond the Genome*. Oxford: Oxford University Press, 2006. [*La música de la vida: más allá del genoma humano*. Akal, 2008].

8. Richard Dawkins, *The Selfish Gene*. 2a ed. Oxford: Oxford University Press, 1989, 21. [*El gen egoísta*. Salvat Editores, 2014].

9. Noble, *Music of Life*, 11–15; cita en la p. 13.

10. M. R. Bennett y P.M. S. Hacker, *Philosophical Foundations of Neuroscience*. Oxford: Blackwell, 2003, 372–6.

11. Richard Dawkins, *The God Delusion*. London: Bantam, 2006, 196. [*El espejismo de Dios*. Espasa Calpe, 2007].

12. Encontrará un análisis detallado de las dificultades en Liane Gabora, "Ideas Are Not Replicators but Minds Are". *Biology and Philosophy* 19 (2004): 127–43.

13. http://jom-emit.cfpm.org/.

14. Bruce Edmonds, "The Revealed Poverty of the Gene–Meme Analogy –Why Memetics Per Se Has Failed to Produce Substantive Results". Publicado en internet en enero de 2005. http://cfpm.org/jom-emit/2005/vol9/edmonds_b.html. Visto el 10 de marzo de 2008.

8. Fe científica y religiosa: el caso de *El origen de las especies* de Charles Darwin

Basado en la Conferencia Eric Symer Abbott de 2009, pronunciada en Westminster Abbey, Londres, en mayo de 2009.

1. Las seis ediciones están disponibles en internet: http://darwinonline.org.uk/. Para aquel que prefiera la edición impresa, ver Morse Peckham, ed., *The Origin of Species: A Variorum Text*. Philadelphia: University of Pennsylvania Press, 1959. [*El origen de las especies*. Espasa Libros, 1988].

2. William Kingdon Clifford, "The Ethics of Belief " en *The Ethics of Belief and Other Essays*. Amherst, NY: Prometheus Books, 1999, 70–96.

3. William James, "The Will to Believe" en *The Will to Believe and Other Essays in Popular Philosophy*. New York: Longmans, Green and Co., 1897, 1–31.

4. Gerald E.Myers, *William James, His Life and Thought*. New Haven, CT: Yale University Press, 1986, 460.

5. Encontrará una buena explicación en Christiane Chauviré, "Peirce, Popper, Abduction, and the Idea of Logic of Discovery". *Semiotica* 153 (2005): 209–21.

6. Charles Darwin y Nora Barlow, *The Autobiography of Charles Darwin, 1809–1882: With Original Omissions Restored*. New York: Norton, 1993, 118.

7. Scott A.Kleiner, "Problem Solving and Discovery in the Growth of Darwin's Theories of Evolution". *Synthese* 62 (1981): 119–62, especialmente 127–9. En la explicación de Johann Kepler del sistema solar podemos discernir básicamente las mismas cuestiones: Scott A. Kleiner, "A New Look at Kepler and Abductive Argument". *Studies in History and Philosophy of Science* 14 (1983): 279–313.

8. William Whewell, *Philosophy of the Inductive Sciences*. 2 vols. London: John W. Parker, 1847, vol. 2, 36. Como algunos han señalado, la teoría de la inducción de Whewell es cuestionable: ver, por ejemplo, Laura J. Snyder, "The Mill–Whewell Debate: Much Ado about Induction". *Perspectives on Science* 5 (1997): 159–98.

9. Charles Darwin, *On the Origin of Species by Means of Natural Selection*. 6a ed. London: John Murray, 1872, 164.

10. La mejor declaración general de este método la encontrará en Peter Lipton, *Inference to the Best Explanation*. 2a ed. London: Routledge, 2004.

11. Ver especialmente el detallado estudio de Elisabeth Anne Lloyd, "The Nature of Darwin's Support for the Theory of Natural Selection" en *Science, Politics, and Evolution*. Cambridge: Cambridge University Press, 2008, 1–19.

12. *The Life and Letters of Charles Darwin*, ed. F. Darwin. 3 vols. London: John Murray, 1887, vol. 2, 155. Hutton merece una mayor atención como intérprete perceptivo de Darwin: ver, por ejemplo, John Stenhouse, "Darwin's Captain: F.W. Hutton and the Nineteenth-Century Darwinian Debates". *Journal of the History of Biology* 23 (1990): 411–42.

13. Karl R. Popper, "Natural Selection and the Emergence of Mind". *Dialectica* 32 (1978): 339–55.

14. Snyder, "The Mill–Whewell Debate". Snyder argumenta que la visión de Whewell de la inducción ha sido malinterpretada, y que merece más atención porque es un acercamiento único: Laura J. Snyder, "Discoverers' Induction". *Philosophy of Science* 64 (1997): 580–604.

15. Christopher Hitchcock y Elliott Sober, "Prediction vs. Accommodation and the Risk of Overfitting". *British Journal for Philosophy of Science* 55 (2004): 1–34. El "predictivismo débil" que Hitchcock y Sober defienden lo encontramos en otros lugares: ver, por ejemplo, la detallada evaluación de acercamientos que aparece en Marc Lange, "The Apparent Superiority of Prediction to Accommodation as a Side Effect". *British Journal for Philosophy of Science* 52 (2001): 575–88; David Harker, "Accommodation and Prediction: The Case of the Persistent Head". *British Journal for Philosophy of Science* 57 (2006): 309–21.

16. Spencer usó esta expresión en su obra *Principles of Biology* (1864); Darwin la incorporó a la quinta edición de su libro: "A esta preservación de las variantes favorables, y la destrucción de las variantes perjudiciales, la llamo selección natural o supervivencia del más fuerte". Charles Darwin, *On the*

Origin of Species by Means of Natural Selection. 5a ed. London: John Murray, 1869, 91–2.

17. Ver Michael Bulmer, "Did Jenkin's Swamping Argument Invalidate Darwin's Theory of Natural Selection?" *British Journal for the History of Science* 37 (2004): 281–97.

18. Charles Darwin, *On the Origin of Species by Means of Natural Selection*. 3a ed. London: John Murray, 1861, 296.

19. Vítezslav Orel, *Gregor Mendel: The First Geneticist*. Oxford: Oxford University Press, 1996, 193.

20. Darwin, *Origin of Species*, 6a ed. 444. Este comentario no aparece en las ediciones anteriores.

21. Ver, por ejemplo, John Hedley Brooke, "The Relations between Darwin's Science and His Religion" en *Darwinism and Divinity*, editado por John Durant. Oxford: Blackwell, 1985, 40–75; Frank Burch Brown, *The Evolution of Darwin's Religious Views*. Macon, GA: Mercer University Press, 1986; Nick Spencer, Darwin and God. London: SPCK, 2009.

22. http://www.darwinproject.ac.uk/

23. Stephen Jay Gould, *The Structure of Evolutionary Theory*. Cambridge, MA: Belknap Press, 2002, 118–21.

24. Estos comentarios aparecen en una carta a Asa Gray, con fecha 28 de julio de 1862: ver *Life and Letters of Charles Darwin*, ed. F. Darwin, vol. 3, 272–4.

25. Charles Kingsley, "The Natural Theology of the Future" en *Westminster Sermons*. London: Macmillan, 1874, v–xxxiii; cita en la p. xxiii.

26. Kingsley, "The Natural Theology of the Future", xxv. Ver también el énfasis que Kingsley pone en la providencia divina y su dirección en el proceso evolutivo (xxiv–xxv).

27. Ver Kingsley, "The Natural Theology of the Future", xiii–xiv.

28. Ver también Randal Keynes, *Annie's Box: Charles Darwin, His Daughter and Human Evolution*. London: Fourth Estate, 2001.

29. Ver el análisis que aparece en John Hedley Brooke, "'Laws Impressed on Matter by the Creator?' The *Origins* and the Question of Religion" en *The Cambridge Companion to "The Origin of Species"*, editado por Michael Ruse y Robert J. Richards. Cambridge: Cambridge University Press, 2009, 256–74.

30. William James, *The Will to Believe*. New York: Dover Publications, 1956, 51.

31. En cuanto a la capacidad de la teología cristiana para hacer frente a estas anomalías teóricas, ver Alister E. McGrath, *A Scientific Theology: 3 – Theory*. London: T&T Clark, 2003.

32. En cuanto a la importancia del concepto de "verificación escatológica", ver John Hick, "Theology and Verification" en *The Existence of God*. London: Macmillan, 1964, 252–74.

33. Charles Darwin, *On the Origin of Species by Means of Natural Selection*. London: John Murray, 1859, 171. Encontrará ejemplos de esas "dificultades" en Abigail J. Lustig, "Darwin's Difficulties" en *The Cambridge Companion to "The Origin of Species"*, ed. Ruse y Richards, 109–28.

9. Agustín de Hipona sobre creación y evolución

Basado en una charla informal pronunciada en una comida para un grupo reducido de estudiantes de posgrado en biología de Londres en noviembre de 2008.

10. ¿La religión lo envenena todo? El nuevo ateísmo y la creencia religiosa

Conferencia pronunciada en la Universidad de Reikiavik, Islandia, en septiembre de 2008.

1. Richard Dawkins, *The God Delusion*. Boston: Houghton Mifflin, 2006. [*El espejismo de Dios*. Espasa Calpe, 2007]. Encontrará una breve respuesta a este libro en Alister McGrath y Joanna Collicutt McGrath, *The Dawkins Delusion? Atheist Fundamentalism and the Denial of the Divine*. London: SPCK, 2007.

2. Christopher Hitchens, *God Is Not Great: How Religion Poisons Everything*. New York: Twelve, 2007. [*Dios no es bueno. Alegato contra la religión*. Random House Mondadori Debolsillo, 2009]. Es instructivo compararlo con Rodney Stark, *For the Glory of God: How Monotheism Led to Reformations, Science, Witch-hunts, and the End of Slavery*. Princeton, NJ: Princeton University Press, 2003.

3. Sam Harris, *The End of Faith: Religion, Terror, and the Future of Reason*. New York: W.W. Norton & Co., 2004. [*El fin de la fe. Religión, terror y el futuro de la razón*. Paradigma, 2007]. En este contexto, a veces también se menciona como cuarta obra el libro de Daniel C. Dennett, *Breaking the Spell: Religion as a Natural Phenomenon*. New York: Viking Penguin, 2006.

[*Romper el hechizo. La religión como un fenómeno natural.* Editorial Katz, 2007].

4.   Dawkins, *The God Delusion*, 249.

5.   Encontrará una excelente crítica filosófica de Dawkins en Keith Ward, *Why There Almost Certainly Is a God: Doubting Dawkins.* Oxford: Lion Hudson, 2008.

6.   Encontrará una explicación más detallada en Peter Harrison, *"Religion" and the Religions in the English Enlightenment.* Cambridge: Cambridge University Press, 1990; Daniel L. Pals, *Seven Theories of Religion.* New York: Oxford University Press, 1996; Samuel J. Preus, *Explaining Religion: Criticism and Theory from Bodin to Freud.* New Haven, CT: Yale University Press, 1987.

7.   Mary Midgley, *Evolution as a Religion: Strange Hopes and Stranger Fears.* 2a ed. London: Routledge, 2002. Ver también mi exposición más arriba (capítulo 7) sobre cómo Dawkins convierte el darwinismo en una ideología.

8.   Ver Donald E. Brown, *Human Universals.* New York: McGraw-Hill, 1991, 48.

9.   Ver el importante estudio de Jung H. Lee, "Problems of Religious Pluralism: A Zen Critique of John Hick's Ontological Monomorphism". *Philosophy East and West* 48 (1998): 453–77. Lee se centra en el budismo zen soto, que se opone a los intentos pluralistas y ateos de imponer un reduccionismo religioso teórico, ya sea desde una perspectiva pluralista como atea.

10. Martin Marty con Jonathan Moore, *Politics, Religion, and the Common Good: Advancing a Distinctly American Conversation About Religion's Role in Our Shared Life.* San Francisco: Jossey-Bass, 2000.

11. Diego Gambetta (ed.), *Making Sense of Suicide Missions.* Oxford: Oxford University Press, 2005.

12. Robert A. Pape, *Dying to Win: The Strategic Logic of Suicide Terrorism.* New York: Random House, 2005.

13. Scott Atran, "The Moral Logic and Growth of Suicide Terrorism". *The Washington Quarterly* 29/2 (Spring 2006): 127–47.

14. Richard E. Wentz, *Why People Do Bad Things in the Name of Religion.* Macon, GA: Mercer University Press, 1993. Ver también Sudhir Kakar, *The Colors of Violence: Cultural Identities, Religion, and Conflict.* Chicago: University of Chicago Press, 1996.

15. Max Horkheimer y Theodor W. Adorno, *Dialectic of Enlightenment*. New York: Seabury Press, 1972. Ver también Robert O. Paxton, *The Anatomy of Fascism*. New York: Alfred A. Knopf, 2004.

16. El análisis filosófico por excelencia del surgimiento del totalitarismo en el siglo XX sigue siendo la obra de Hannah Arendt, *The Origins of Totalitarianism*. New York: Harcourt, 1951. [*Los orígenes del totalistarismo*. Alianza Editorial, 2006]. En el análisis de Arendt, la religión no es vista como un factor significativo.

17. Para profundizar más en este tema, ver Richard A. Burridge, *Imitating Jesus: An Inclusive Approach to New Testament Ethics*. Grand Rapids, MI: Eerdmans, 2007.

18. Ver Keith Ward, *Is Religion Dangerous?* Oxford: Lion, 2006. Ver también David Martin, *Does Christianity Cause War?* Oxford: Clarendon Press, 1997.

19. Anna Dickinson, "Quantifying Religious Oppression: Russian Orthodox Church Closures and Repression of Priests 1917–41". *Religion, State & Society* 28 (2000): 327–35. Ver también Dimitry V. Pospielovsky, *A History of Marxist–Leninist Atheism and Soviet Anti-Religious Policies*. New York: St Martin's Press, 1987; William Husband, "Soviet Atheism and Russian Orthodox Strategies of Resistance, 1917–1932". *Journal of Modern History* 70 (1998): 74–107.

20. Joseph Frank y David I. Goldstein (eds), *Selected Letters of Fyodor Dostoyevsky*, traducido por Andrew R. MacAndrew. New Brunswick, NJ: Rutgers University Press, 1987, 446.

21. Fyodor Dostoyevsky, *Devils*, traducido por Michael R. Katz. Oxford: Oxford University Press, 1992, 691. [*Los demonios*. Alianza Editorial, 2011].

22. Toda la bibliografía sobre este tema ha sido bien resumida por Dickinson, "Quantifying Religious Oppression: Russian Orthodox Church Closures and Repression of Priests 1917–41".

23. Dawkins, *The God Delusion*, 273.

24. Dawkins, *The God Delusion*, 249.

25. Alexandru D. Popescu, *Petre Tutea: Between Sacrifice and Suicide*. Williston, VT: Ashgate, 2004.

26. Dawkins, *The God Delusion*, 259.

27. Daniel C. Dennett, "The Bright Stuff", *New York Times*, 12 de julio de 2003. Ver también Richard Dawkins, "The Future Looks Bright", *Guardian*, 21 de junio de 2003.

28. Chris Mooney, "Not Too 'Bright': Richard Dawkins and Daniel Dennett Are Smart Guys, but Their Campaign to Rename Religious Unbelievers 'Brights' Could Use Some Rethinking". *Skeptical Inquirer*, marzo-abril 2004.

29. Michael Shermer, How We Believe: *Science, Skepticism, and the Search for God.* New York: Freeman, 2000, 71.

30. Ver, por ejemplo, Mike Hawkins, *Social Darwinism in European and American Thought, 1860–1945: Nature as Model and Nature as Threat.* Cambridge: Cambridge University Press, 1997.

31. "La superstition est à la religion ce que l'astrologie est à l'astronomie, la fille très folle d'une mère très sage". Ver Voltaire, *Treatise on Toleration*, editado por Brian Harvey. Cambridge: Cambridge University Press, 2000, 83. [*Tratado sobre la tolerancia.* Espasa Libros, 2006]. Sobre el supuesto "ateísmo" de Voltaire, ver Arnold Ages, "Voltaire and the Problem of Atheism: The Testimony of the Correspondence". *Neophilologus* 68 (1984): 504–12.

11. Ateísmo y la Ilustración: reflexiones sobre las raíces intelectuales del nuevo ateísmo

Basado en una conferencia pronunciada en Radboud University de Nijmegen, Países Bajos, en diciembre de 2009.

1. Ver, por ejemplo, Paul Kurtz, *What is Secular Humanism?* Amherst, NY: Prometheus Books, 2006.

2. Encontrará una excelente presentación en Mason Olds, *American Religious Humanism.* Minneapolis, MN: University Press of America, 1996.

3. Ver, por ejemplo, Charles G. Nauert, *Humanism and the Culture of Renaissance Europe.* 2a ed. Cambridge: Cambridge University Press, 2006. Encontrará una útil recopilación de ensayos en Jill Kraye (ed.), *The Cambridge Companion to Renaissance Humanism.* Cambridge: Cambridge University Press, 1996.

4. James K. McConica, *Erasmus.* Oxford: Oxford University Press, 1991.

5. Ver Erica Rummel, *Erasmus' Annotations on the New Testament.* Toronto:

University of Toronto Press, 1986. Sobre el impacto que el humanismo del Renacimiento tuvo en los orígenes de la Reforma, ver Alister E. McGrath, *The Intellectual Origins of the European Reformation*. 2a ed. Oxford: Blackwell, 2003, 34–66.

6. Paul Kurtz, "Re-enchantment: A New Enlightenment". *Free Inquiry Magazine* 24/3 (April–May 2004).

7. Louis K. Dupré, *The Enlightenment and the Intellectual Foundations of Modern Culture*. New Haven, CT: Yale University Press, 2004, 12–17. Ver también Frederick C. Beiser, *The Sovereignty of Reason: The Defense of Rationality in the Early English Enlightenment*. Princeton, NJ: Princeton University Press, 1996. Recientemente, la complejidad y diversidad del "racionalismo" ilustrado ha sido un tema importante para los académicos: ver, por ejemplo, Julie Candler Hayes, *Reading the French Enlightenment: System and Subversion*. Cambridge: Cambridge University Press, 1999.

8. Si busca reflexiones sobre la importancia de este desarrollo para la apologética cristiana, ver Nicholas Wolterstorff, "The Migration of the Theistic Arguments: From Natural Theology to Evidentialist Apologetics" en *Rationality, Religious Belief, and Moral Commitment*, editado por Robert Audi y William J. Wainwright. Ithaca, NY: Cornell University Press, 1986, 38–80.

9. Sobre esta última idea, ver el llamamiento que Hitchens hace a instaurar una "nueva Ilustración": Christopher Hitchens, *God Is Not Great: How Religion Poisons Everything*. New York: Twelve, 2007, 277–83. [*Dios no es bueno. Alegato contra la religión*. Random House Mondadori Debolsillo, 2009].

10. Encontrará un excelente resumen de las cuestiones generales en Winfried Schroeder, *Ursprunge des Atheismus: Untersuchungen zur Metaphysik- und Religionskritik des 17. und 18. Jahrhunderts*. Tubingen: Frommann-Holzboog, 1998. En cuanto a la situación francesa, ver Jennifer Michael Hecht, *The End of the Soul: Scientific Modernity, Atheism, and Anthropology in France*. New York: Columbia University Press, 2003, especialmente 41–134.

11. Terry Eagleton, "Lunging, Flailing, Mispunching: A Review of Richard Dawkins' *The God Delusion*". *London Review of Books*, 19 de octubre de 2006. En cuanto a la perspectiva del propio Eagleton y sus comentarios críticos sobre esta importante cuestión, ver Terry Eagleton, *Holy Terror*. New York: Oxford University Press, 2005.

12. Leszek Kolakowski, "The Idolatry of Politics" en *Modernity on Endless Trial.* Chicago: University of Chicago Press, 1990, 146–61.

13. Terry Eagleton, *Reason, Faith, and Revolution: Reflections on the God Debate.* New Haven: Yale University Press, 2009, 28. [*Razón, fe y revolución.* Paidós Ibérica, 2012].

14. Eagleton, *Reason, Faith, and Revolution*, 87–9.

15. Leszek Kolakowski, "Can the Devil Be Saved?" en *Modernity on Endless Trial*, 75–85.

16. J. R. R. Tolkien, "Mythopoeia" en *Tree and Leaf.* London: HarperCollins, 1992, 85–90; cita en la p. 89. [*Árbol y hoja y el poema Mitopoeia.* Minotauro, 1999].

17. *The Works of John Locke.* 10 vols. London: Thomas Tegg, 1823, vol. 8, 447.

18. Alasdair MacIntyre, *Whose Justice? Which Rationality?* London: Duckworth, 1988, 6. [*Justicia y racionalidad.* Ediciones internacionales universitarias, 1994]. La diversidad de conceptos de "razón" dentro de la Ilustración ha hecho que muchos estudiosos se planteen si podemos seguir haciendo uso del término en singular. Al parecer hay distintas "Ilustraciones", o al menos un amplio número de implementaciones de la misma agenda ilustrada, si es que solo hay una única agenda ilustrada. Ver especialmente James Schmidt, *What Is Enlightenment? Eighteenth-Century Answers and Twentieth-Century Questions.* Berkeley, CA: University of California Press, 1996.

19. Mark D. Chapman, "Why the Enlightenment Project Doesn't Have to Fail". *Heythrop Journal* 39 (1998): 379–93; cita en la p. 380.

20. Leszek Kolakowski, *Metaphysical Horror.* Chicago: University of Chicago Press, 2001, 1–2.

21. Una idea que se repite en toda la obra de Leszek Kolakowski, *The Main Currents of Marxism.* 3 vols. Oxford: Oxford University Press, 1976–8.

22. Idea que enfatizó Karl R. Popper, *The Poverty of Historicism.* London: Routledge & Kegan Paul, 1957. Si desea leer los comentarios de un destacado autor ex ateo, ver Anthony Flew, "Human Choice and Historical Inevitability". *Journal of Libertarian Studies* 5 (1981): 345–56.

23. Ver Grace Davie, *Europe: The Exceptional Case. Parameters of Faith in the Modern World.* London: Darton, Longman & Todd, 2002.

24. Ver, por ejemplo, Scott Thomas, *The Global Resurgence of Religion and the Transformation of International Relations: The Struggle for the Soul of the*

Twenty-First Century. New York: Palgrave Macmillan, 2005.

25. Ver las ideas que Max Horkheimer presenta en su entrevista con Helmut Gumnior: Max Horkheimer, *Die Sehnsucht nach dem ganz Anderen. Ein Interview mit Kommentar von Helmut Gumnior*. Hamburg: Furche-Verlag, 1971.

26. Como dice e ilustra J.W. Burrow, *The Crisis of Reason: European Thought, 1848–1914*. New Haven, CT: Yale University Press, 2000, 56–67. [*La crisis de la razón. Pensamiento europeo entre 1848-1914*. Crítica, 2001].

27. Graeme Garrard, *Counter-Enlightenments from the Eighteenth Century to the Present*. London: Routledge, 2006. Ver en especial la sección que habla del "retorno de la fe y el sentimiento" (55–73).

28. Leszek Kolakowski, "Concern About God in an Apparently Godless Age" en *My Correct Views on Everything*, editado por Zbigniew Janowski. South Bend, IN: St. Augustine's Press, 2005, 173–83. Cita en la p. 183. [*Por qué tengo razón en todo*. Melusina, 2007]. Encontrará un análisis más riguroso de este tema en Charles Taylor, *A Secular Age*. Cambridge, MA: Belknap Press, 2007.

29. Leszek Kolakowski, "Revenge of the Sacred in Secular Culture" en *Modernity on Endless Trial*, 63–74. La interacción teológica con Kolakowski en torno a esta cuestión (o en torno a cualquier otra cuestión) es escasa, pero encontrará una brillante excepción en Peter Hebblethwaite, "Feuerbach's Ladder: Leszek Kolakowski and Iris Murdoch". *Heythrop Journal* 13 (1972): 143–61.

30. Friedrich Wilhelm Nietzsche, Human, *All Too Human: A Book for Free Spirits*. Cambridge: Cambridge University Press, 1986, 153. [*Humano, demasiado humano*. Edaf, 1985]. En cuanto a esa "necesidad metafísica", ver Tyler T. Roberts, *Contesting Spirit: Nietzsche, Affirmation, Religion*. Princeton, NJ: Princeton University Press, 1998, 49–53.

31. Peter Poellner, *Nietzsche and Metaphysics*. Oxford: Oxford University Press, 2000, 9.

32. Kolakowski, *Modernity on Endless Trial*.

33. Encontrará un buen ejemplo de ese tipo de lectura neoconservadora de la Ilustración en Gertrude Himmelfarb, *The Roads to Modernity: The British, French, and American Enlightenments*. New York: Knopf, 2004.

34. Matthew Arnold, *Stanzas from the Grande Chartreuse* (1855), verso 98.

35. Zygmunt Bauman, "On Writing: On Writing Sociology". *Theory, Culture & Society* 17 (2000): 79–90; cita en la p. 79.

36. Leszek Kolakowski, "Man Does Not Live by Reason Alone". *New Perspectives Quarterly* 26/4 (2009): 19–28.

Libros recomendados

Disparando contra Dios
Por qué los nuevos ateos no dan en el blanco

John C. Lennox

Fe, ciencia y ateísmo

Francis S. Collins, Alister McGrath, David J. Helfand, Hugh Ross, Paul C. Vitz y Dallas Willardp

Libros recomendados

Por qué soy cristiano

John Stott

La esperanza tiene sus razones

La búsqueda de la satisfacción de nuestros deseos más profundos

Rebecca Manley Pippert

ANDAMIO

La **misión** de Publicaciones Andamio es publicar y difundir literatura que, desde una perspectiva bíblica, contribuya al crecimiento integral de la persona, la iglesia y a la transformación de la sociedad.

Somos la editorial de los **Grupos Bíblicos Unidos (GBU)** y nacimos en 1987. Los GBU inician su camino en el mundo de la literatura cuando un grupo de estudiantes universitarios puso en marcha (1974) una revista muy sencilla a nivel de producción, pero muy rica en contenidos. Desde ese comienzo un tanto "inesperado", con pocos recursos pero con muchas ganas, hemos ido creciendo hasta el día de hoy.

Publicaciones Andamio ha sido y es el resultado del trabajo y **colaboración de muchas personas**, unido a la **ayuda de Dios** a lo largo de todo este camino.

Síguenos en

www.publicacionesandamio.com
portafolioandamio.com

77664965R00144

Made in the USA
Middletown, DE
23 June 2018